Coleção

TEMAS DE DIREITO ADMINISTRATIVO

FUNÇÃO SOCIAL DA PROPRIEDADE PÚBLICA

Coleção
TEMAS DE DIREITO ADMINISTRATIVO

Direção de
Celso Antônio Bandeira de Mello

1. DA CONVALIDAÇÃO E DA INVALIDAÇÃO DOS ATOS ADMINISTRATIVOS – *Weida Zancaner*
2. CONCESSÃO DE SERVIÇO PÚBLICO NO REGIME DA LEI 8.987/95. CONCEITOS E PRINCÍPIOS – *Benedicto Porto Neto*
3. OBRIGAÇÕES DO ESTADO DERIVADAS DE CONTRATOS INVÁLIDOS – *Jacintho de Arruda Câmara*
4. SANÇÕES ADMINISTRATIVAS – *Daniel Ferreira*
5. REVOGAÇÃO DO ATO ADMINISTRATIVO – *Daniele Coutinho Talamini*
6. O SERVIÇO PÚBLICO E A CONSTITUIÇÃO BRASILEIRA DE 1988 – *Dinorá Adelaide Musetti Grotti*
7. TERCEIRO SETOR – *Sílvio Luís Ferreira da Rocha*
8. A SANÇÃO NO DIREITO ADMINISTRATIVO – *Heraldo Garcia Vitta*
9. LICITAÇÃO NA MODALIDADE DE PREGÃO (Lei 10.520, de 17 de julho de 2002) – *Vera Scarpinella*
10. O PROCESSO ADMINISTRATIVO E A INVALIDAÇÃO DE ATOS VICIADOS – *Mônica Martins Toscano Simões*
11. REMUNERAÇÃO DOS SERVIÇOS PÚBLICOS – *Joana Paula Batista*
12. AS AGÊNCIAS REGULADORAS. O Estado Democrático de Direito no Brasil e sua Atividade Normativa – *Marcelo Figueiredo*
13. AGÊNCIAS REGULADORAS – *Alexandre Mazza*
14. FUNÇÃO SOCIAL DA PROPRIEDADE PÚBLICA – *Sílvio Luís Ferreira da Rocha*

SÍLVIO LUÍS FERREIRA DA ROCHA

FUNÇÃO SOCIAL DA PROPRIEDADE PÚBLICA

MALHEIROS
EDITORES

FUNÇÃO SOCIAL DA PROPRIEDADE PÚBLICA
© SÍLVIO LUÍS FERREIRA DA ROCHA

ISBN: 85-7420-691-1

Direitos reservados desta edição por
MALHEIROS EDITORES LTDA.
Rua Paes de Araújo, 29, conjunto 171
CEP 04531-940 — São Paulo — SP
Tel.: (0xx11) 3078-7205
Fax: (0xx11) 3168-5495
URL: www.malheiroseditores.com.br
e-mail: malheiroseditores@terra.com.br

Composição
Acqua Estúdio Gráfico Ltda.

Capa
Criação: Vânia Lúcia Amato
Arte: PC Editorial Ltda.

Impresso no Brasil
Printed in Brazil
09.2005

PREFÁCIO

Este estudo, que foi a bem sucedida tese de livre-docência do professor e magistrado SÍLVIO LUÍS FERREIRA DA ROCHA, apresenta algumas virtudes verificáveis *prima facie*. Liminarmente, a de enfrentar um tema de grande envergadura teórica e de relevante alcance prático.

Com efeito, o propósito do autor foi articular duas questões de si mesmo difíceis e de visível repercussão no cotidiano da vida social. O tema dos bens públicos, das distintas funções que cumprem e sua qualificação juspositiva em três categorias, duas das quais diretamente vinculadas ao interesse público e a terceira só indiretamente referida a ele, já desencadeia uma série de tópicos capazes de animar acesa discussão jurídica. Somem-se a isto as naturais dificuldades na avaliação das conseqüências extraíveis do princípio da função social da propriedade, cuja suma importância constitucional é desnecessário encarecer. Relacionar os dois temas, então, à toda evidência, é tarefa árdua que obriga a manejar com destreza a ciência e a arte da interpretação.

Outra virtude do trabalho foi a de incidir sobre matéria rarissimamente versada entre nós, com o que o autor desvenda um universo de reflexões e indagações que despertam imediatamente o interesse do leitor. Se por outra razão não fosse, a simples curiosidade intelectual que a novidade suscita já atrairia a atenção do estudioso do Direito.

Em terceiro lugar, quem começa a leitura do livro desde logo se vê seduzido pela simplicidade e clareza da linguagem, encartadas em um estilo fluente, agradável e didático, que desbasta as presumíveis dificuldades do assunto.

De uma quarta virtude, que merece ser salientada com grande ênfase, o leitor só tomará conhecimento quando avançada a leitura do trabalho: a ousadia, a coragem intelectual revelada pelo prof. SÍLVIO ao sustentar posições novas, audaciosas mesmo, em desacordo com opiniões pacificamente assentadas, não se apresenta como uma irrefletida precipitação que pode atraiçoar algum novato. Pelo contrário, é fruto de reflexão madura e assistida de ponderosos argumentos em seu abono. De resto, o professor e magistrado autor do livro longe está de ser um principiante nas letras jurídicas ou nas lides acadêmicas. Doutor em Direito Civil e em Direito Administrativo, com obras publicadas em ambas as esferas do Direito, transitando com desenvoltura quer no direito público, quer no direito privado, possui credenciais suficientes para arrojar-se com segurança, como o fez, em assuntos de grande complexidade.

Acresce que a experiência acumulada como juiz, primeiramente estadual, depois federal, hoje convocado para a Segunda Instância, lhe fornece muito compreensivelmente, de par com o descortino teórico ilustrado no ambiente da docência, aquele agudo senso da realidade proporcionado pelo diuturno exame e decisão dos casos concretos.

Uma última qualidade, especialmente prezável nos tempos hodiernos em que a agitada atividade profissional até mesmo no seio das universidades compromete o tempo disponível para a leitura e o estudo, é a de ser capaz de dizer o que precisa ser dito a fim de aclarar um assunto sem perder-se em rodeios ou rebuços desnecessários. O extremo poder de síntese e objetividade do autor permitiu-lhe produzir um livro pouco extenso, mas de grande conteúdo e que proporciona aos estudiosos aprender, ou, quando menos, refletir muito a partir de uma obra compacta.

CELSO ANTÔNIO BANDEIRA DE MELLO

SUMÁRIO

PREFÁCIO – CELSO ANTÔNIO BANDEIRA DE MELLO 5
INTRODUÇÃO 9

CAPÍTULO I – BENS PÚBLICOS
1. Conceito de bens 11
2. Domínio e propriedade 12
3. Domínio público 13
   3.1 Regime jurídico do domínio público 20
4. Do domínio público no estrangeiro 23
   4.1 A teoria do domínio público na Itália 23
   4.2 A teoria do domínio público em Portugal 25
   4.3 A teoria do domínio público em França 29
5. Bens públicos no Brasil. Posição da doutrina 31
   5.1 A doutrina de Celso Antônio Bandeira de Mello 31
   5.2 A doutrina de José Cretella Júnior 32
   5.3 A doutrina de Hely Lopes Meirelles 33
   5.4 A doutrina de Lúcia Valle Figueiredo 35
   5.5 A doutrina de Maria Sylvia Zanela Di Pietro 37
6. Bens públicos no ordenamento jurídico brasileiro 40
   6.1 Classificação dos bens públicos 41
      6.1.1 Bens de uso comum 48
      6.1.2 Bens de uso especial 50
      6.1.3 Bens dominicais 51
   6.2 Regime jurídico dos bens públicos 54
      6.2.1 Regime jurídico dos bens de uso comum do povo e dos
            bens de uso especial 54
         6.2.1.1 Inalienabilidade 55
         6.2.1.2 Imprescritibilidade 57
         6.2.1.3 Impenhorabilidade 58
         6.2.1.4 Impossibilidade de oneração 58
      6.2.2 Regime jurídico dos bens dominicais 58

7. *Conclusões do capítulo* 65

CAPÍTULO II – FUNÇÃO SOCIAL DA PROPRIEDADE
1. *Considerações gerais* 67
2. *Função social da propriedade* 70
   2.1 Função social da propriedade no novo Código Civil............. 79
   2.2 Função social da propriedade urbana 83
      2.2.1 Do parcelamento, edificação ou utilização compulsórios 89
      2.2.2 IPTU progressivo 93
      2.2.3 Desapropriação-sanção 95
      2.2.4 Da usucapião especial de bem imóvel urbano 99
      2.2.5 Usucapião coletiva 101
      2.2.6 Da concessão de direito real de uso 105
      2.2.7 Da concessão de uso especial para fins de moradia 105
      2.2.8 Direito de superfície 109
   2.3 Função social da propriedade rural 109
      2.3.1 Usucapião constitucional 116
3. *Conclusões do capítulo* 118

CAPÍTULO III – FUNÇÃO SOCIAL DA PROPRIEDADE PÚBLICA
1. *Considerações gerais* 121
2. *Função social dos bens de uso comum* 128
3. *Função social dos bens de uso especial* 138
4. *Função social dos bens dominicais* 145
5. *Conclusões do capítulo* 159

BIBLIOGRAFIA 161

INTRODUÇÃO

O princípio da função social da propriedade, princípio-garantia (art. 5º, XXIII) e princípio político estruturante da organização econômico-social do Estado (arts. 170, III, 182, § 2º, e 186), tem incidência reconhecida sobre a propriedade privada, conformando-a. Do princípio da função social da propriedade privada decorrem institutos previstos tanto na Constituição Federal como na legislação infraconstitucional, entre eles a usucapião urbana, a usucapião rural, a desapropriação para fins de reforma agrária e a desapropriação sanção.

Contudo, no campo da propriedade ou do domínio público, a incidência do princípio da função social merece estudo e análise ante a ausência de monografias que tenham se dedicado ao tema. Prevalece, como regra, a idéia de que os fins públicos a que estão predispostos os bens públicos serviriam para afastá-los da aplicação do princípio da função social, que assim informaria apenas a propriedade privada.

Este trabalho propõe-se a analisar a incidência do princípio da função social da propriedade sobre a propriedade pública.

Tratamos, no Capítulo I, dos conceitos pertinentes ao tema da propriedade pública e dos bens públicos, classificados em nosso ordenamento jurídico como bens de uso comum, uso especial e bens dominicais. Procuramos demonstrar, neste capítulo, o regime jurídico a que tais bens estariam submetidos, especificamente no que diz respeito ao regime da inalienabilidade, imprescritibilidade, impenhorabilidade e impossibilidade de oneração.

No Capítulo II, cuidamos do conceito de função social da propriedade e das suas repercussões no ordenamento jurídico, ao verificar o papel desempenhado pelo citado princípio na conformação do direito de propriedade e os seus efeitos concretos na ordem jurídica, elaborados por intervenção direta do legislador, principalmente os institutos criados a partir da compreensão da função social da propriedade no Código Civil e a compreensão da função social da propriedade urbana.

No Capítulo III, passamos a discutir o problema da admissibilidade da aplicação do princípio da função social à propriedade pública e eventuais repercussões decorrentes da aplicação do referido princípio.

Após chegarmos à conclusão da aplicação do princípio da função social à propriedade pública, procuramos demonstrar a sua repercussão nas diversas modalidades de bens públicos e, com isso, compreender a incidência do princípio da função social da propriedade sobre os bens públicos.

Capítulo I
BENS PÚBLICOS

1. Conceito de bens. 2. Domínio e propriedade. 3. Domínio público: 3.1 Regime jurídico do domínio público. 4. Do domínio público no estrangeiro: 4.1 A teoria do domínio público na Itália; 4.2 A teoria do domínio público em Portugal; 4.3 A teoria do domínio público em França. 5. Bens públicos no Brasil. Posição da doutrina: 5.1 A doutrina de Celso Antônio Bandeira de Mello; 5.2 A doutrina de José Cretella Júnior; 5.3 A doutrina de Hely Lopes Meirelles; 5.4 A doutrina de Lúcia Valle Figueiredo; 5.5 A doutrina de Maria Sylvia Zanela Di Pietro. 6. Bens públicos no ordenamento jurídico brasileiro: 6.1 Classificação dos bens públicos: 6.1.1 Bens de uso comum; 6.1.2 Bens de uso especial; 6.1.3 Bens dominicais; 6.2 Regime jurídico dos bens públicos: 6.2.1 Regime jurídico dos bens de uso comum do povo e dos bens de uso especial: 6.2.1.1 Inalienabilidade; 6.2.1.2 Imprescritibilidade; 6.2.1.3 Impenhorabilidade; 6.2.1.4 Impossibilidade de oneração; 6.2.2 Regime jurídico dos bens dominicais. 7. Conclusões do capítulo.

1. Conceito de bens

Bem pode ser definido, a princípio, como tudo aquilo capaz de satisfazer a uma legítima necessidade humana.[1] Oswaldo Aranha Bandeira de Mello define *bem* como "aquilo que é desejável, porque conveniente a um fim, por apto a alcançá-lo", distinguindo-o em honesto ou moral, útil e delectável.[2]

---

1. Washington de Barros Monteiro, *Curso de Direito Civil*, vol. 1, p. 135.
2. *Princípios Gerais de Direito Administrativo*, vol. 1, p. 450. Para ele, "bem honesto ou moral é o que completa e integra a natureza do ser humano, por constituir o seu fim último, que se alcança com a conformidade dos seus atos às exigências da sua natureza, de ente racional e livre. O bem útil é o apto a alcançar dado fim

O conceito de bem engloba o conceito de bem material, como as coisas, e o conceito de bem imaterial, como os direitos, a atividade humana. Enquanto algo capaz de satisfazer de forma lícita a uma necessidade humana, o bem constitui o objeto da chamada relação jurídica.[3] Alguém que tem bens é titular de relações jurídicas, pois os bens têm relevância enquanto objeto de relações jurídicas.

É possível distinguir *bem* de *coisa*. Enquanto bem também serviria para definir ente imaterial, a palavra coisa serviria para definir todo objeto material suscetível de apropriação.[4] A coisa teria a matéria como elemento, a possibilidade de ser apropriada e o valor econômico, enquanto o bem teria como característica a possibilidade de ser apropriado – ao menos juridicamente – e valor econômico; faltar-lhe-ia a matéria.

A distinção entre bem e coisa é abandonada quando utilizamos a expressão coisa imaterial.

2. Domínio e propriedade

Propriedade decorre do latim *proprietas* que, por sua vez, deriva de *proprius* e designa "o que pertence a uma pessoa". Outros sustentam que *propriedade* decorre de *domare*, significando sujeitar ou dominar, correspondendo à idéia de *domus*, casa, em que o senhor da

---

segundo a ordem dos interesses em mira, como fim intermediário, e, portanto, meio para obter bem maior. O bem delectável é o que resulta àquele que pratica atos para alcançar o bem moral ou útil, como satisfação conseqüente, enfim é a sensação de agrado proporcionada por um bem objetivo. Portanto, nesse último sentido, o bem tem significado subjetivo".

3. De acordo com Oswaldo Aranha Bandeira de Mello, ob. cit., p. 451, "são bens jurídicos os que podem ser objeto de relação jurídica para dar satisfação ao titular de poder sobre ele".

4. António Menezes Cordeiro, *Tratado de Direito Civil Português*, t. II, p. 9, ensina que este foi um conceito restrito de coisa, limitado a realidades materiais acolhido pelo BGB no seu § 90 – coisas no sentido da lei são apenas os objetos corpóreos – mas que não exprimia a riqueza da tradição greco-latina cuja reconstrução racional demonstra que "coisa" "terá começado por exprimir os objectos materiais: os *corpora*; posto isso, passou, por extensão, a designar outras realidades, como o patrimônio, a riqueza ou certas actuações: as *res*; finalmente, a idéia alargou-se às próprias realidades figuradas, e, depois, a tudo o que fosse abarcável pelo espírito: as *res incorporales*" (p. 18).

casa se denomina *dominus*. Logo, domínio seria o poder que se exerce sobre as coisas que lhe estiverem sujeitas.⁵

Propriedade e domínio são termos equivalentes no emprego comum e cotidiano. Tecnicamente, no entanto, propriedade e domínio têm campos semânticos não coincidentes. Propriedade seria o gênero do qual domínio seria a espécie. A propriedade abarca toda a sorte de dominação ou senhorio individual sobre coisas corpóreas ou incorpóreas, enquanto o domínio compreende apenas a dominação ou o senhorio individual em relação aos bens corpóreos ou coisas.

Ocorre que o emprego do vocábulo propriedade encontra-se arraigado em nosso sistema jurídico, de modo que neste trabalho optamos por utilizar como sinônimos os termos propriedade pública e domínio público.

3. Domínio público

O Estado, enquanto pessoa jurídica, também necessita de bens para desempenhar a sua missão. Logo, o Estado é titular de relações jurídicas que recaem sobre bens. Pietro Virga afirma que a Administração, para atingir os seus fins, pode valer-se ou de bens que detém a título de propriedade, ou de bens que pertencem aos particulares.⁶ Para Héctor Jorge Escola, a existência do domínio público se justifica pelo fato de que a vida em comunidade seria impossível sem a presença de bens que pertencem a todos, ou que estão afetados ao cumprimento de finalidades de interesse público.⁷

Para Miguel S. Marienhoff, "a locução correta para designar a categoria de bens não pertencentes individualmente aos administrados ou particulares, destinada ao uso público – seja este direto ou indireto – e submetida a um regime jurídico especial, é *domínio público*. Esta locução serve para distinguir estes bens dos bens pertencentes ao Estado como pessoa do direito privado, quer dizer, para distingui-los do conjunto de bens chamado *domínio privado* do Estado".⁸

---

5. Maria Helena Diniz, *Curso de Direito Civil*, vol. 4, p. 89.
6. *Diritto Amministrativo. 1. I principi*, p. 339.
7. *Compendio de Derecho Administrativo*, vol. 2, p. 976.
8. *Tratado de Derecho Administrativo*, t. V, p. 31.

Atribui-se a Pardessus o fato de ter sido o primeiro a empregar a locução *domínio público* para designar a categoria de bens do Estado não pertencentes ao domínio privado do mesmo, quer dizer, para designar essa categoria de bens submetida a um regime jurídico especial, inalienável e imprescritível. Assim o fez desde a primeira edição do seu *Traité des servitudes ou services fonciers* aparecida em 1806. Mais tarde, Proudhon seguiu igual critério, divulgando em sua obra a nova terminologia: domínio público como oposto ao domínio privado do Estado.[9]

Do exposto, nota-se o emprego restritivo da expressão domínio público para designar tão-somente os bens pertencentes ao Estado mas afetados a um fim comum ou especial, submetidos a um regime jurídico próprio, excluídos os bens pertencentes ao Estado mas não predispostos a um fim comum ou especial. No Brasil, a legislação e a doutrina tendem a agrupar debaixo do conceito de domínio público as três espécies de bens: os de uso comum, os de uso especial e os dominicais, impondo-lhes o mesmo regime jurídico.

O termo "público", por sua vez, também se revela equívoco. Público pode significar "do Estado", "do Poder Público". Logo, a expressão propriedade pública ou domínio público pode designar a relação jurídica de dominação ou senhorio que se estabelece entre um ente público e um bem, ou pode significar, no entanto, "do povo", "de todos", "do público" e, assim, a expressão propriedade pública designa a relação de uso direto ou indireto de um dado bem pela coletividade. Para nós, o termo *público* evoca aqueles dois significados e pode designar um, outro, ou ambos.

O domínio público é definido por Dromi como o conjunto de bens de propriedade de uma pessoa pública que, pelos fins de utilidade comum a que respondem, estão sujeitos a um regime jurídico especial de direito público.[10] Também para Héctor Jorge Escola, o domínio público do Estado é uma propriedade pública, de direito público, caracterizada por uma ampla série de limitações, impostas em razão do destino dos bens que o compõem, e que nasce do ato de afetação.[11] O referido autor conceitua domínio público como "o conjunto de

---

9. Miguel S. Marienhoff, ob. cit., p. 31.
10. *Derecho Administrativo*, p. 546.
11. *Compendio de Derecho Administrativo*, p. 982.

bens de propriedade pública do Estado, *lato sensu*, afetados ao uso público, direto ou indireto, dos habitantes e submetidos a um regime jurídico especial de direito público, e portanto exorbitante do direito privado".[12]

Héctor Jorge Escola reconhece o concurso de quatro elementos a determinar o conceito de domínio público: a) um elemento subjetivo que se refere ao sujeito ou titular do direito existente sobre os elementos que compõem o domínio público; b) um elemento objetivo que se refere às coisas ou aos bens que integram o domínio público; c) um elemento teleológico que se refere à finalidade ou destino a que estão submetidos os bens ou coisas do domínio público; e d) um elemento normativo ou legal, que se refere ao regime jurídico especial a que estão sujeitos os bens e coisas do domínio público.[13]

Esta é, também, a doutrina de Marienhoff, para quem a noção conceitual de domínio depende da integração dos elementos subjetivo, objetivo, teleológico e normativo. Um bem, para considerar-se público, deve reunir simultaneamente os quatro elementos indicados (subjetivo, objetivo, teleológico e normativo).[14]

As divergências nos critérios doutrinários a respeito do domínio público versam sobre os elementos. Desta forma, há dissenso acerca de quem deve ser considerado sujeito ou titular do direito sobre os bens públicos (elemento subjetivo), como também sobre o objeto (bens e coisas) apto a integrar o domínio público (elemento objetivo), quer dizer, se os bens em geral ou se apenas as coisas podem integrar o domínio público. Há dissenso, também, a respeito de qual é o fim (elemento teleológico) a que deve responder a inclusão de uma coisa ou de um bem no domínio público: uso de todos; uso direto ou, também, uso indireto. Tampouco existe acordo a respeito do elemento normativo integrante do domínio público. Poderiam existir bens públicos por natureza, ou apenas o legislador está autorizado a imprimir o caráter público aos bens?[15]

O elemento inicial, primário, para que uma coisa possa ser considerada de domínio público, diz respeito ao sujeito ou titular da

---

12. Idem, p. 986.
13. Idem, p. 982.
14. *Tratado de Derecho Administrativo*, p. 54.
15. Marienhoff, ob. cit., pp. 47-50.

mesma. A discussão recai sobre o titular do domínio público e neste sentido os bens públicos não são *res nullius*, bens sem sujeito, coisas de ninguém.

Para Marienhoff, o povo é o titular do domínio público. O conteúdo do direito que corresponde ao povo como titular do domínio público apresenta algumas particularidades: a) o direito de uso pertencente ao povo somente compreende os usos comuns e não os usos especiais ou privativos; b) o conceito de povo inclui todos os habitantes, inclusive os estrangeiros.

Ao analisar o elemento subjetivo, Héctor Jorge Escola defende a idéia de que os titulares dos bens que integram o domínio público são pessoas jurídicas públicas estatais, que fazem parte da administração pública, centralizada ou descentralizada. Para o referido autor, os bens dos concessionários de serviços públicos, consagrados à prestação destes, não integram o domínio público.[16]

Considero que o Estado, enquanto povo juridicamente organizado em um território, tem personalidade própria, distinta dos membros que o compõem, sendo, por isso, o titular do domínio dos bens públicos, o que não significa que possamos deixar de reconhecer que estes bens estão predestinados a atender a determinados fins em benefício do povo.

Os bens corpóreos ou incorpóreos, móveis ou imóveis, integram o elemento objetivo do conceito de domínio público ou propriedade pública. Basta que o respectivo bem reúna as características necessárias para cumprir a finalidade que motiva a instituição do domínio público. Qualquer classe de bens ou de coisas pode integrar o domínio público.[17]

O elemento finalista requer a submissão do bem a um determinado fim. No caso, o fim requerido, via de regra, está ligado ao uso público direto ou indireto do bem,[18] o que corresponde a um modo de

---

16. *Compendio de Derecho Administrativo*, p. 982.
17. Marienhoff, ob. cit., p. 99.
18. A este respeito não há uniformidade na doutrina. Há autores que somente consideram como elemento que integra o conceito de uso público o uso de todos; outros estimam que este uso público há de ser direto, imediato, e tanto outros expositores incluem também o uso público indireto, mediato. Os que sustentam este último critério se valem de diferentes expressões: afetação a serviços públicos, utilida-

expressão do interesse público. De acordo com Roberto Dromi, o que caracteriza o domínio público é a consagração do bem à utilidade ou à comodidade comum.[19]

Os bens pertencentes ao Estado, mas que não estejam consagrados a um uso público, direto ou indireto, integram o que se convencionou chamar de domínio privado de bens do Estado. O domínio privado de bens do Estado sujeita-se a regime jurídico diverso daquele aplicado para o domínio público por seguir regime próprio dos bens do domínio privado, mas com alterações no sistema de propriedade civil, motivadas pela busca de preservar o interesse público. Adverte Héctor Jorge Escola que, quando a disponibilidade do bem chega a afetar o interesse público, a manutenção e o predomínio do interesse público devem orientar qualquer solução que se pretenda dar, pois, se o patrimônio privado do Estado está, de modo geral, equiparado à propriedade particular civil, não é, em sua pureza, uma propriedade desta classe e sim um patrimônio do Estado, proposto para fins de interesse público que devem cumprir-se.[20]

O elemento normativo ou legal repousa na concepção de que o domínio público resulta de uma criação legal, da vontade do Legislador, e não da natureza, o que serve para explicar o fato de o regime jurídico do domínio público não ser uniforme nos distintos países. Para Marienhoff, o domínio público não é criação da natureza: não há bens públicos naturais ou por direito natural. A sua existência depende da vontade do legislador. Sem lei que sirva de fundamento, nenhum bem ou coisa terá caráter público. Por isso, um dos elemen-

---

de geral, utilidade ou comodidade comum, utilidade coletiva, utilidade pública, funções públicas, finalidades públicas.
Para Marienhoff, a tese que circunscreve ao uso direto o uso a que estão destinados os bens públicos está definitivamente superada. Tem ampla garantia a opinião de que o conceito de uso público não compreende apenas o uso direto ou imediato, como também o uso indireto ou mediato (ob. cit., p. 125).
19. *Derecho Administrativo*, p. 549.
20. Aduz Héctor Jorge Escola, ob. cit., p. 1.018, que este domínio do Estado constitui uma propriedade privada, que como tal se acha submetida aos mesmos princípios e regras que são aplicáveis à propriedade civil ou comum, tal como as que haja estabelecido a legislação respectiva, ainda que com certas modificações.
A diferença, pois, entre o domínio público e o domínio privado é, essencialmente, uma diferença de regime jurídico, de direito público, em um caso, predominantemente de direito privado, em outro.

tos que integram o conceito de domínio público é o legal ou normativo.[21] Também ensina Héctor Jorge Escola que o domínio público não é uma criação da natureza, não existindo bens públicos naturais ou por direito natural. O conceito de domínio público seria uma noção jurídica, resultante da vontade do legislador, responsável pela determinação das regras a que o instituto está sujeito. O marco normativo ou legal tem, pois, decisiva influência em todas as questões.[22]

Os regimes jurídicos diversos aplicáveis aos bens públicos, fruto de escolha do legislador, resultam da influência de diversos fatores históricos ligados ao desenvolvimento e à correta compreensão do conceito de domínio público.

Na lição de Otto Mayer, a compreensão do desenvolvimento histórico do conceito de domínio público é condição para enxergar claramente no meio de sistemas conflituosos que ainda hoje existem sobre o domínio público.[23]

De acordo com este autor, o ponto de partida é um estado social no qual existem coisas públicas, mas que ainda não é propício à idéia de um domínio público, de uma propriedade com um caráter especial, por faltar o sujeito do qual o domínio deve depender, a pessoa moral de direito público. O direito das coisas públicas encontra sua primeira determinação jurídica na forma social primitiva de realização de interesses públicos, quer dizer, as comunidades rurais. As comunidades rurais não eram municípios no sentido atual, mas associações nas quais os direitos dos indivíduos se mesclavam com os do grupo, prevalecendo ora um, ora outro. Estas associações possuíam caminhos, ruas, praças. Os terrenos afetos a estes eram comuns, quer dizer, não pertenciam a qualquer indivíduo em particular, senão à totalidade deles e estavam destinados à comunicação de todos. O chefe da associação, a autoridade comunal, velava por sua conservação e pela boa ordem do uso que se fazia deles. O direito sobre estas coisas somente se manifestava, pois, debaixo de duas formas: o uso de todos e a vigilância da autoridade.[24]

21. Marienhoff, ob. cit., p. 137.
22. *Compendio de Derecho Administrativo*, p. 985.
23. *Derecho Administrativo Alemán*, t. III, Parte Especial: "El derecho público de las cosas", p. 91.
24. Idem, p. 92.

A cidade dá lugar a uma variedade maior de instituições do mesmo caráter, submetendo-se, também, ao uso de todos, as fontes, as feiras, os lugares para lavagem de roupas.

Acima das comunidades locais, prossegue o citado autor, se constituiu o poder dos reis, logo, dos seus funcionários emancipados, dos príncipes secundários do Império. Não se trata ainda do poder do Estado, mas de uma coleção de direitos pertencentes à pessoa do príncipe. Entre estes direitos, figurava a polícia de segurança para as grandes vias de comunicação, ruas e rios. O príncipe também reclama para si a propriedade das coisas que não têm proprietário, de modo que, a este título, as ruas, as pontes e todos os acessórios se transformam em coisas do príncipe, embora continue a subsistir o uso de todos. O direito do príncipe se acentua cada vez mais, porém deixa intacta esta atribuição necessária: o direito de supremacia relativo às ruas ou aos rios compreende o direito de construir caminhos e de suprimi-los, de regular o curso dos rios, de regulamentar o uso destes, de exercer a polícia em tais matérias, assim como o poder de impor direitos e taxas a pessoas que fazem uso daqueles, o que, em certas épocas, desempenha papel principal.[25]

Quando o Estado moderno se formou nos diferentes territórios alemães, a ciência do direito passou também a ocupar-se das coisas públicas e se tomaram modelos do direito romano, o que resultou numa grande controvérsia a respeito da propriedade de tais coisas. Alguns mantiveram o *status quo* em favor da propriedade do príncipe; somente trataram de fortalecer esta situação mediante argumentos tomados do direito romano; entre outros, o príncipe ocupa o lugar do *populus Romanus* e, em conseqüência, possui as ruas, os rios, as pontes e outras coisas públicas com o mesmo título com que, no direito romano, as possuía o povo soberano. O uso de todos somente tem por base a permissão do proprietário.

Paralelamente a esta teoria, surgiu a tendência de seguir de maneira mais fiel o modelo romano; reclama as coisas públicas para o povo, cujo direito se manifesta pelo uso de todos. Este uso afirma e absorve o direito sobre a totalidade da coisa. O que resta ao príncipe não é mais do que um direito de vigilância.[26]

25. Idem, p. 93.
26. Idem, p. 94.

Porém a doutrina não podia deter-se aí. O povo, como tal, aparecia demasiadamente desligado da realidade da vida pública para que fosse considerado um proprietário sério. Como conseqüência se decidiu reconhecer que as ruas, rios e outras coisas submetidas ao uso de todos são *res nullius*, debaixo da vigilância e proteção especial do príncipe.[27]

Já o desenvolvimento da idéia de Estado, como pessoa moral, introduziu alterações profundas nestes conceitos. O Estado – este ser abstrato que representa, por atos de vontade cumpridos em seu nome, a coisa comum – se transformou no centro natural de todos os direitos e poderes que se devem exercer no interesse da coisa pública. Por debaixo dele se colocam, com análogo destino, as pessoas morais secundárias do direito público. As coisas públicas passaram a ser propriedade deste sujeito de direito.

Esta transformação começa a operar-se nas cidades livres. Segundo Otto Mayer, ruas, fontes passaram a ser considerados propriedade da cidade como tal, distinta dos indivíduos. A nova era se iniciou definitivamente quando os territórios dos príncipes foram tomados pela nova corrente de idéias, quando por trás da pessoa do príncipe surgiu a *pessoa moral do Estado*, do qual o príncipe foi o primeiro representante. A idéia de *res nullius* sucumbe de igual maneira; ainda que, é bem certo, esta idéia não desapareceu sem vacilações.[28]

Finalmente, a legislação positiva intervém para consagrar o resultado obtido. As grandes codificações do direito civil dos fins do século XVIII e começo do século XIX regularam a matéria no sentido de declarar as coisas públicas propriedade geral do Estado, o domínio público, o bem público, a propriedade do Estado propriamente dita.[29]

3.1 Regime jurídico do domínio público

A dúvida que surge é se o Estado possui sobre esses bens poderes e direitos idênticos aos atribuídos ao particular numa relação jurídica de propriedade, ou, ao contrário, se esta relação jurídica não se caracteriza como relação jurídica de propriedade ou de domínio.

A respeito deste assunto há, pelo menos, quatro teorias.

27. Idem, p. 95.
28. Idem, p. 96.
29. Idem, p. 97.

A primeira teoria é a que entende não existir no domínio público os elementos essenciais que integram o conceito de propriedade. De acordo com Themistocles Brandão Cavalcanti, esta teoria foi sustentada por Berthélemy, para quem "não há, em relação aos bens do domínio público, o *jus abutendi*, o *jus fruendi* ser excepcional e o *jus utendi* ser de todos". Além disso, os caracteres de inalienabilidade, impenhorabilidade e imprescritibilidade tornam os bens inconfundíveis. Daí o referido autor afirmar ser "o domínio público insuscetível de propriedade".[30]

Themistocles Brandão Cavalcanti critica esta teoria, pois "a formação do direito público moderno permite enquadrar no conceito de propriedade pública, o domínio privado do Estado, não dentro do critério tradicional do direito privado, mas dentro de normas peculiares ao direito público e à estrutura administrativa, de que é o domínio um dos elementos essenciais". Assim, "a conceituação de domínio público conserva os princípios fundamentais do direito de propriedade, mas tal como ocorre em relação a outros institutos, como os dos contratos públicos, afasta-se em seus elementos secundários e formais, para que possam ter estes bens a destinação que mais convém aos interesses coletivos e às finalidades do Estado".[31]

A segunda corrente equipara o domínio público ao domínio privado. Defendem este ponto de vista Otto Mayer e Jellinek, com o argumento de não haver peculiaridades no regime jurídico do domínio público, que consideram partícipe da mesma natureza da propriedade privada, em face, sobretudo, das conseqüências da teoria da dupla personalidade do Estado.[32]

A terceira corrente caracteriza o domínio público como categoria especial da propriedade. Para Santi Romano, "o direito do Estado sobre o seu domínio é, em substância, um direito de propriedade, mas *sui generis*, subordinado a norma de direito público".[33]

Pietro Virga acolhe ambos os pontos de vista precedentes. Ele discute se o esquema jurídico da propriedade pode ser utilizado pelos

---

30. Themistocles Brandão Cavalcanti, *Tratado de Direito Administrativo*, vol. 2, p. 360.
31. Idem, p. 351.
32. Idem, p. 352.
33. *Apud* Themistocles Brandão Cavalcanti, ob. cit., p. 354.

bens públicos ou pelos bens patrimoniais indisponíveis, já que sobre eles a administração pública exerce poderes públicos em virtude do poder de império, e não direito subjetivo, enquanto titular de um direito de propriedade. O autor não nega que tais bens são objeto de poderes públicos que se exteriorizam mediante a emanação de atos administrativos, porém a Administração, no gozo de tais bens, exercita faculdade idêntica àquela exercitada pelo proprietário privado e para o exercício dessa faculdade pode valer-se dos meios colocados à disposição do direito privado para a tutela da propriedade. Por outro lado, no ordenamento italiano não existe um único regime de propriedade, mas existem tantos regimes da propriedade quantos forem os objetos de tais direitos, e para os bens públicos pode-se falar, em sentido lato, de uma propriedade pública: "Tuttavia l'amministrazione, nel godimento di tali beni, esercita facoltà identiche a quelle esercitate dal proprietario privato e, per l'esercizio della facoltà di pretesa, può avvalersi dei mezzi messi a disposizione dal diritto privato per la tutela della proprietà. D'altro lato, è da regime della proprietà, ma esistono tanti regimi della proprietà quanti sono gli oggetti di tale diritto e quindi anche per il demanio può parlarsi in senso lato di una proprietà pubblica".[34]

Por derradeiro, a quarta corrente procura distinguir diversas categorias entre os bens do domínio público, atribuindo a cada categoria uma natureza jurídica variável de acordo com a natureza dos bens. Esta teoria pressupõe o destino dos bens ou a sua afetação. Desta forma, os bens comuns, destinados ao uso comum, se diferenciam de outros bens destinados aos serviços públicos. Duas seriam as condições para que uma coisa esteja compreendida no domínio público: a) ser propriedade administrativa; b) estar afetada a um fim de utilidade pública. A afetação pode referir-se ou ao uso comum, ou simplesmente a um serviço público, e pode decorrer ou de mera circunstância de fato, ou de uma determinação legal ou administrativa. A conseqüência desse destino é precisamente acobertar esses bens com os privilégios e características essenciais dos bens públicos.[35] Tais bens constituem propriedade administrativa sujeita a um regime jurídico peculiar, enquanto os demais bens constituem o patrimônio privado

34. *Diritto Amministrativo. 1. I principi*, p. 339.
35. Themistocles Brandão Cavalcanti, ob. cit., p. 355.

do Estado, em todo semelhante ao domínio particular, regendo-se pelo regime jurídico da propriedade privada.[36]

O exposto até o presente momento leva-nos a concluir que o Estado e os seus entes, enquanto sujeitos predispostos a cumprir certas finalidades, apresentam-se como titular de relações jurídicas de propriedade que têm por objeto bens. O Estado, enquanto proprietário destes bens, está investido de poderes inerentes a esta relação jurídica que, no entanto, é fortemente marcada e influenciada pelos fins públicos a que deve obrigatoriamente atender, o que resulta num regime jurídico diferenciado, se comparado com a propriedade particular.

4. Do domínio público no estrangeiro

A experiência jurídica de outros países revela-nos a existência de sistemas diversos de domínio ou de propriedade pública estruturados a partir de premissas diferentes.

A doutrina estrangeira distingue, de longa data, entre domínio público do Estado e domínio privado do Estado.

4.1 A teoria do domínio público na Itália

A Itália, a partir do Código Civil de 1865, passa a distinguir entre os *beni demaniali* e os *beni patrimoniali*, configurando os primeiros como os que se encontram no regime do domínio público, e os segundos como os que se acham no regime do domínio privado. Os bens podem pertencer à Administração a título de domínio público *(beni demaniali)* ou a título de domínio privado *(beni pratrimoniali)*, que, por sua vez, se classificam em bens indisponíveis ou em bens disponíveis.

De acordo com Pietro Virga, o direito administrativo se ocupa de duas espécies de bens: os bens públicos, que pertencem à Administração a título de domínio público ou a título de propriedade privada, denominados bens patrimoniais, que, por sua vez, se classificam em bens indisponíveis – os quais são utilizados na prestação de serviços

36. Idem, ibidem.

públicos –, ou em bens disponíveis – destinados a produzir rendas para o Estado (bens instrumentais). Afora esses bens, a Administração ocupa-se, também, dos chamados bens de interesse público, isto é, os bens privados sujeitos a limites quanto ao gozo, à disponibilidade ou relativamente à utilização, também denominados de bens de relevância pública.[37]

De acordo com a lição de Guido Landi e Giuseppe Potenza, os bens que pertencem ao Estado e às pessoas jurídicas públicas se distinguem em públicos e patrimoniais: os primeiros submetem-se ao regime jurídico de direito público e os segundos submetem-se ao regime aplicável à propriedade privada.[38]

A distinção entre domínio público do Estado e domínio privado do Estado resulta na diferença de regime jurídico aplicável às categorias de bens integrantes de cada classe de domínio. O domínio público seria inalienável e imprescritível, enquanto o domínio privado do Estado estaria sujeito às regras ordinárias da propriedade privada, salvo algumas modificações.[39]

O enquadramento do bem em uma ou outra classe resulta de um critério teleológico, pois o bem, para ser considerado integrante do domínio público, necessita estar predisposto a um uso público, direto ou indireto.[40]

Os bens públicos são os bens do Estado ou de outro ente público territorial sujeitos ao regime de domínio público. Dois são os elementos essenciais para que possa subsistir a publicidade de um bem: a) pertencer ao Estado ou a um outro ente público territorial; b) sujeitar-se a um regime de domínio público (art. 822 do Código Civil italiano). A razão pela qual alguns bens públicos estão sujeitos a um regime de direito público é satisfazer ao uso de interesse público em geral, mas é questão de oportunidade, atribuída ao critério político do legislador, estabelecer quais bens são públicos e a quais entes territoriais esses bens pertencem.[41]

---

37. *Diritto Amministrativo. 1. I principi*, pp. 339-340.
38. Guido Landi e Giuseppe Potenza, *Manuale di Diritto Amministrativo*, p. 107.
39. Marienhoff, ob. cit., p. 24.
40. Idem, p. 25.
41. Pietro Virga, ob. cit., pp. 343-344.

Os bens públicos, no ordenamento jurídico italiano, estão submetidos ao regime da indisponibilidade, que se manifesta na inalienabilidade, na impossibilidade de o bem se sujeitar a servidões reais, na falta de idoneidade para ser objeto de posse privada e de aquisição por usucapião; na não aplicabilidade de certos limites impostos à propriedade privada; na administração pública, isto é, na atribuição à autoridade administrativa da competência para gerir os bens públicos; no gozo limitado por parte dos cidadãos, isto é, a utilização dos bens públicos é destinada, de regra, à Administração, reservando-se aos cidadãos a possibilidade de uso condizente com o destino do bem, desde que compatível com a satisfação da exigência do interesse público e, por derradeiro, uma tutela publicista que permite à autoridade administrativa valer-se não somente dos meios ordinários previstos no direito privado, como a tutela da propriedade e da posse, mas também de poderes públicos, como o de polícia e o exercício da chamada autotutela.[42]

Por sua vez, os bens do Estado e dos entes públicos que não tenham as características que os coloquem na condição de públicos se distinguem em bens disponíveis e bens indisponíveis. São qualificados, entre os bens patrimoniais, como indisponíveis, os voltados, exclusivamente, ao desenvolvimento dos serviços públicos e ao atendimento de fins públicos, enquanto são qualificados como disponíveis os destinados exclusivamente a produzir rendimentos.[43]

Os bens patrimoniais disponíveis estão sujeitos a um regime jurídico próprio do direito privado, isto é, são alienáveis; podem ser objeto de negócio de direito privado e adquiridos mediante usucapião. Entretanto, tal regime sofre parcial revogação provocada pela natureza pública do ente que o possui ou da legislação administrativa que lhe concerne.[44]

4.2 A teoria do domínio público em Portugal

O domínio público seria formado pelo conjunto das coisas públicas e pelos direitos públicos dos quais a Administração seria titu-

---
42. Idem, pp. 351-353.
43. Idem, p. 378.
44. Idem, p. 380.

lar. Coisas públicas, por sua vez, seriam "as coisas submetidas por lei ao domínio de uma pessoa coletiva de direito público e subtraídas ao comércio jurídico privado em razão da sua primacial utilidade coletiva".[45]

A qualificação de certos bens como públicos seguiria o critério do destino dos bens ou dos caracteres dos bens.

O critério do destino dos bens daria margem a três subcritérios: o do uso público, o do serviço público e o do fim administrativo.

Pelo critério do uso público, considera-se pública a coisa destinada ao uso de todos. De acordo com Marcelo Caetano, este era o critério consagrado no art. 380 do Código Civil de 1867. Por este critério – o do uso público – não seriam públicas as coisas que prestam utilidade concreta sob a forma de prestação de serviços de que o público só faz uso mediato, como as linhas férreas, nem as que, além de insusceptíveis de uso imediato, não fornecem qualquer utilidade concreta, apenas utilidade abstrata, indivisa e coletiva, como fortalezas.[46]

Pelo critério do serviço público, a destinação de uma coisa, sob qualquer forma e título, a um serviço público lhe imprime caráter público. Conforme lição de Marcelo Caetano, o critério do serviço público, preconizado por Duguit, amplia o âmbito do domínio público e esbate os seus limites com a esfera do domínio privado, retirando qualquer vantagem da distinção entre domínio público e domínio privado, o que, de certo modo, levou Jèze a limitar a aplicabilidade deste critério aos bens pertencentes à Administração que, num serviço público essencial, desempenham um papel principal.[47] Esta restrição preconizada por Jèze criou, contudo, outra ordem de dificuldades, como, por exemplo, a de precisar o exato sentido das expressões *serviço público essencial e papel principal*, além de a restrição deixar de fora da categoria de bem público os edifícios e prédios afetos a um serviço público, pois o papel principal seria exercido pelos servidores.[48]

O critério do fim administrativo defendido por Santi Romano considera bem público o que satisfaça a um dos fins da pessoa públi-

---
45. Marcelo Caetano, *Manual de Direito Administrativo*, vol. 2, p. 881.
46. Idem, p. 882.
47. Idem, p. 883.
48. Idem, p. 884.

ca pela simples aplicação ou emprego direto, o que excluiria da categoria de bens públicos os que constituem meio utilizado por uma pessoa para exercer uma atividade administrativa.[49] O critério dos caracteres jurídicos ou naturais das coisas encontra exemplo no critério da afetação proposto por Hauriou, para quem o ato de afetação à utilidade pública é o que imprimiria caráter público às coisas, e no critério positivista de Zanobini, que considera públicos apenas os bens que a lei submeta ao regime integral da propriedade pública.[50]

Marcelo Caetano, após a análise destes critérios, observa que, no Direito português, a publicidade das coisas resulta da lei, sendo, portanto, um caráter atribuído pelo direito positivo, de modo que nenhuma teoria elaborada a respeito da definição das coisas públicas pode pretender substituir a lei.[51] Após analisar a lista das coisas submetidas ao domínio público pelo legislador, o citado autor conclui que, dos critérios doutrinários explicitados, nenhum foi seguido com exclusividade, embora possa ser extraído da "confusão" de critérios um substrato comum, que é a utilidade pública, isto é, a aptidão das coisas para satisfazer a necessidades coletivas,[52] que pode ser funcional ou natural. No primeiro caso – utilidade pública funcional – a aptidão para satisfazer a necessidades coletivas é apenas uma, entre outras aptidões do bem, enquanto, no segundo caso, a utilidade pública é inerente ou natural, o que leva à conclusão de que, no caso de bem

49. Idem, ibidem.
50. Idem, p. 885.
51. Idem, p. 886.
52. Idem, p. 887. Diz o citado autor: "Percorrendo a lista das coisas que o legislador expressamente submeteu ao domínio público, verifica-se que não foi seguido exclusivamente nenhum dos critérios doutrinais até hoje apresentados: há bens que servem ao uso directo e imediato do público (estradas, pontes, rios), bens que só permitem uso mediato através do funcionamento dum serviço (linhas telegráficas, vias férreas), bens que têm fim exclusivamente administrativo por não ser concebível o seu emprego por actividades privadas (fortalezas, navios de guerra) (...). O legislador não adoptou, portanto, nenhum desses critérios em exclusivo: mas vê-se que efectivamente está ligada a eles a qualificação das coisas como públicas. É que o uso público, o papel essencial num serviço público, a realização directa do fim administrativo (...) não são em si mais do que *índices*, ou sinais indicativos, de que as coisas possuem *utilidade pública* em grau que exige a sua submissão ao domínio de uma pessoa colectiva de direito público. A utilidade pública consiste na aptidão das coisas para satisfazer necessidades colectivas".

revestido de utilidade pública funcional, a lei pode considerá-lo bem público e, no caso de bem revestido de utilidade pública inerente, o caráter público impõe-se.[53]

O ordenamento jurídico português adotou o sistema da enumeração específica completada pela menção do critério do uso direto e imediato do público.[54] Portugal também distingue entre domínio público e domínio privado. Os bens do domínio público estão submetidos a um regime de direito público e subtraídos ao comércio jurídico privado, enquanto os bens de domínio privado, ao menos em princípio, estão sujeitos a um regime de direito privado e inseridos no comércio jurídico privado, como determina o art. 1.304 do Código Civil português. Isto não significa, no entanto, a aplicação pura do regime jurídico privado a estes bens, pois, conforme exceção prevista na parte final do art. 1.304, do Código Civil português, o regime jurídico privado cede na presença de legislação especial e quando a aplicação dele resultar na contrariedade de interesses públicos inerentes à natureza pública do bem.[55] De acordo com Marcelo Caetano, "a razão de ser desse regime é, como se compreende, a necessidade de acautelar os interesses públicos que a existência do domínio privado das pessoas colectivas de direito público não pode pôr em causa, não decerto pela natureza das coisas que o compõem, mas pela quantidade dos sujeitos que o possuem".[56]

O domínio privado reparte-se em domínio privado indisponível e domínio privado disponível. Indisponíveis são os bens afetados a fins de utilidade pública, enquanto disponíveis são os bens aplicados em fins meramente financeiros.[57] Desta forma, no ordenamento jurídico português, coexistem, no domínio privado, bens que exercem função relevante na consecução das atribuições administrativas, como as coisas afetadas ao funcionamento de um serviço público, e bens que têm por fim o produzir rendimentos, o que, por si, justifica a atribuição de regimes jurídicos diferentes, mais rigoroso para o primeiro e mais benevolente para o segundo.[58]

53. Marcelo Caetano, ob. cit., p. 887.
54. Idem, p. 888.
55. Idem, p. 962.
56. Idem, p. 963.
57. Idem, p. 969.
58. Idem, p. 968.

A indisponibilidade significa, no caso, a vedação à realização de ato jurídico que prejudique a finalidade perseguida pelos bens públicos, bem como a proibição de que os mesmos sejam alienados ou onerados pela Administração.[59] A citada indisponibilidade não modificaria a submissão dos bens de domínio privado ao direito privado, como regra. A indisponibilidade não atribuiria aos citados bens a condição jurídica de inalienáveis, mas coibiria o desvio dos bens dos fins de utilidade pública a que estão predispostos.[60]

Por sua vez, a disponibilidade significa não existir afetação prévia a qualquer fim de utilidade pública, o que permite à Administração alienar e onerar os bens pelos modos prescritos na legislação administrativa.[61]

A dicotomia domínio público e domínio privado dos bens do Estado esteve historicamente ligada à dupla personalidade atribuída ao Estado, mas hoje encontra-se superada pela concepção unitária do Estado. Atualmente, a dicotomia domínio público e domínio privado é fundada no destino do bem. O bem consagrado direta ou indiretamente ao uso público é considerado integrante do domínio público, enquanto o bem não consagrado ao uso público é considerado de domínio privado, embora pertencente ao Estado.

4.3 A teoria do domínio público em França

A teoria jurídica do domínio público pode ser atribuída com exclusividade à doutrina em razão de a expressão domínio público no código civil francês significar apenas domínio do Estado.[62]

---

59. Idem, p. 969: "a indisponibilidade significa que nenhum acto jurídico pode ser validamente praticado com prejuízo da finalidade a que os bens por ela atingidos estiverem afectados – nem a alienação ou a oneração, pela Administração, nem a penhora, pelos Tribunais".
60. Idem, p. 881: "Deve ter-se presente que a indisponibilidade dos bens não altera, em substância, o princípio de que o regime jurídico global desses bens não é o domínio público, mas o domínio privado: não lhes deixa de ser aplicável o Direito Privado, em regra. Por conseqüência, com a indisponibilidade não se pretende conferir aos bens a condição jurídica de inalienáveis em virtude da sua própria utilidade pública, como no domínio público: pretende-se tão-somente evitar que sejam desviados da afectação ao fim de utilidade pública exterior aos bens, que eles são chamados a servir".
61. Idem, p. 970.
62. José Cretella Júnior, *Tratado do Domínio Público*, p. 257.

A teoria do domínio da coroa, no antigo regime, não distinguia as diversas classes de bens públicos e ainda lhes imprimia um regime jurídico idêntico marcado pelas seguintes peculiaridades: todos os bens públicos eram considerados propriedade do rei, capazes de proporcionarem-lhe rendas e submetidos, de modo uniforme, à regra da inalienabilidade.[63]

A Revolução Francesa e a respectiva legislação designaram a Nação como novo proprietário dos bens e aboliram a inalienabilidade, sem, contudo, inaugurar a distinção dos domínios público e privado.[64]

Coube à doutrina a tarefa de distinguir entre o domínio público e o domínio do Estado, expressão mais tarde substituída por domínio privado. A obra clássica mais conhecida e divulgada nesta matéria é a de J. B. Victor Proudhon, *Traité du domaine public ou de la distinction des biens*, cuja primeira edição apareceu em 1833-1834, muito embora, anteriormente, fora divulgado outro trabalho sobre o tema, de Lefèvre de la Planche, *Mémoire sur les matières domaniales ou Traité du Domaine*, publicado em Paris em 1764-1765.[65] Marcello Caetano relata-nos que em França, desde o séc. XIX, através dos comentadores do Código Civil, foi vulgarizada por Proudhon a separação entre domínio público e domínio privado, hoje aceita pela maioria da doutrina e da jurisprudência, entendendo-se que o domínio público se caracteriza pela sujeição às normas de direito administrativo e ao contencioso administrativo, e o domínio privado pela sujeição às normas do direito privado e aos tribunais judiciais.

A análise do tratamento da matéria em países como Itália, Portugal e França mostra uma primeira distinção entre os bens públicos fundada no uso geral ou específico dos bens. Com efeito, a distinção entre

---

63. Idem, ibidem.
64. Idem, p. 258. Afirma o citado autor: "(...) a nova legislação, proveniente da Revolução, de maneira alguma inaugurou a distinção dos *domínios público e privado*. Não há dúvida de que se encontram empregados no Código dominial (artigos 1º e 2º) e no Código Civil (art. 538 e ss.) duas espécies de expressões, dum lado, a expressão domínio público e, de outro lado, as expressões domínio nacional, propriamente dito (Código dominial, art. 1º) e bens pertencentes à Nação (Código Civil, art. 541) ou bens pertencentes ao Estado (mesmo texto a partir de 1807). Chegou-se à conclusão de que estas diferentes expressões eram sinônimas no espírito de seus autores, tendo fornecido, tão-só, aos exegetas do século XIX pretensa base legal para alicerçar sua doutrina".
65. Marienhoff, ob. cit., p. 24.

bens do domínio público e bens do domínio privado repousa no fato de os bens do domínio público estarem predispostos à realização de um uso geral, coletivo, enquanto os bens de domínio privado ou estariam predispostos a fins restritos, ainda que públicos, ou a fins econômicos, na medida em que se destinem exclusivamente a gerar rendas. A distinção entre domínio público e domínio privado fundamentaria a diversidade de regimes jurídicos. Público ou estritamente público, para o domínio público, e privado, com restrições, para o domínio privado.

5. Bens públicos no Brasil. Posição da doutrina

Trataremos, a seguir, do posicionamento de alguns dos modernos autores de direito administrativo brasileiro que escreveram sobre o tema dos bens públicos no Brasil, centrando nossa análise, basicamente, no conceito, nas espécies e no regime jurídico dos bens públicos, deixando de lado o tema da gestão dos bens públicos.

5.1 A doutrina de Celso Antônio Bandeira de Mello

Celso Antônio Bandeira de Mello conceitua bens públicos como "todos os bens que pertencem às *pessoas jurídicas de Direito Público*, isto é, União, Estados, Distrito Federal, Municípios, respectivas autarquias e fundações de Direito Público (...), bem como os que, embora não pertencentes a tais pessoas, estejam afetados à prestação de um serviço público".[66]

"O conjunto de bens públicos forma o 'domínio público', que inclui tanto bens imóveis como móveis."[67]

Esta definição acolhe lições de Ruy Cirne Lima, para quem a noção de domínio público é mais extensa que a de propriedade, por incluir bens que não pertençam ao Poder Público, mas que participem da atividade administrativa pública encontrando-se sob o signo da relação de administração.[68]

---

66. *Curso de Direito Administrativo*, p. 837.
67. Idem, p. 844.
68. Idem, ibidem.

Os bens públicos, com relação ao destino, de acordo com o art. 99 do novo Código Civil, classificam-se em: a) de uso comum, isto é, os bens destinados ao uso indistinto de todos, como os mares, ruas, estradas, praças; b) os de uso especial, que são os bens afetados a um serviço ou estabelecimento público, como as repartições públicas, os teatros, os museus, as escolas; c) os bens dominicais, também chamados dominiais, que são os que pertencem ao Estado como objeto do direito real, não aplicados ao uso comum, ou ao uso especial, sobre os quais exerce o domínio como qualquer proprietário.[69]

Os bens públicos, no direito brasileiro, segundo o autor, submetem-se ao regime da inalienabilidade e, nesse caso, os bens de uso comum e os bens de uso especial são inalienáveis enquanto estiverem afetados a tais destinos. Tais bens só podem ser alienados depois de desafetados. Os bens de uso dominical podem ser alienados nos casos em que a lei prever, conforme determina o art. 101 do Código Civil.[70]

Os bens públicos são impenhoráveis. Os bens públicos não podem ser praceados para satisfazer ao interesse do credor, pois o art. 100 da Constituição Federal prevê forma específica de satisfação dos créditos.[71]

Os bens públicos, não importa a categoria, não são suscetíveis de usucapião. É o que estabelecem os arts. 102 do Código Civil e 200 do Decreto-lei 9.760, de 5.9.1946, que regula o domínio público federal.[72]

5.2 A doutrina de José Cretella Júnior

O autor define domínio público como "o conjunto dos bens móveis e imóveis de que é detentora a Administração, afetados quer a seu próprio uso, quer ao uso direto ou indireto da coletividade, submetidos a regime jurídico de direito público derrogatório e exorbitante do direito comum".[73]

---

69. Idem, p. 845.
70. Idem, p. 846.
71. Idem, p. 847.
72. Idem, ibidem.
73. *Direito Administrativo Brasileiro*, p. 806.

Os bens que integram o domínio público estão submetidos ao regime jurídico da inalienabilidade, impenhorabilidade e imprescritibilidade.

A inalienabilidade do bem público decorre da afetação ao uso público. Cessada a afetação, isto é, ocorrendo a desafetação, o bem pode ser alienado. Afirma o referido autor: "A *inalienabilidade* do bem público está, pois, vinculada de maneira estreita à afetação ao *uso público*. Não é qualidade que se prolonga para sempre, pois, cessando a causa que a determina, não tem mais razão de ser. No momento exato em que o bem é desafetado, passa a reunir os característicos dos bens *in commercio* do direito privado. Daí, o dizer-se que o traço da inalienabilidade dos bens públicos não mergulha até a essência desses bens a ponto de matizá-los de maneira inequívoca. Ao contrário, a regra da inalienabilidade não se erige em óbice intransponível para uma alienação voluntária, mas impõe a obrigação de proceder-se a prévia operação de *desafetação*".[74]

Da inalienabilidade é possível extrair a conclusão de que os bens públicos também não podem ser embargados, hipotecados, desapropriados, penhorados, reivindicados, usufruídos, objeto de servidão.[75]

Para o autor, o domínio público é imprescritível. A imprescritibilidade, no caso, decorre da inalienabilidade do domínio público.[76]

Os bens públicos que integram o domínio público são definidos pelo autor como "coisas materiais ou imateriais, assim como prestações pertencentes às pessoas jurídicas públicas, que objetivam fins públicos e que se submetem a regime jurídico de direito público, derrogatório e exorbitante do direito comum".[77]

5.3 A doutrina de Hely Lopes Meirelles

Hely Lopes Meirelles, após apontar a não-uniformidade na doutrina acerca do conceito de domínio público, esclarece que os admi-

---

74. Idem, p. 807.
75. Idem, ibidem. A impossibilidade de reivindicação de um bem público é excepcionada na hipótese da retrocessão entendida como direito real, isto é, como direito à reivindicação do imóvel expropriado.
76. Idem, ibidem.
77. Idem, p. 808.

nistrativistas concordam em que tal domínio, como direito de propriedade, só é exercido sobre os bens pertencentes às entidades públicas e, como poder de soberania interna, alcança tanto os bens públicos como as coisas particulares de interesse coletivo.[78]

Em sentido amplo, ele conceitua o domínio público como o poder de dominação ou de regulamentação que o Estado exerce sobre os bens do seu patrimônio (bens públicos), ou sobre os bens do patrimônio privado (bens particulares de interesse público), ou sobre as coisas inapropriáveis individualmente, mas de fruição geral da coletividade (*res nullius*), abrangendo não apenas os bens das pessoas jurídicas de direito público interno, como as coisas que, por sua utilidade coletiva, merecem a proteção do Poder Público, como as águas, as jazidas, as florestas, a fauna, o patrimônio histórico e artístico nacional.[79]

O domínio público se exteriorizaria sob a forma de domínio eminente quando incidente sobre todas as coisas de interesse público, e sob a forma de domínio patrimonial quando incidente sobre os bens pertencentes às entidades públicas.

O primeiro – domínio eminente – é uma manifestação da Soberania interna. Por ele, o Estado submete à sua vontade todas as coisas do seu território, alcançando, portanto, tanto os bens pertencentes às entidades públicas, como a propriedade privada e as coisas inapropriáveis, de interesse público.[80]

O segundo – o domínio patrimonial – configura direito de propriedade pública sujeito a um regime administrativo especial, que incide sobre todos os bens das pessoas administrativas.[81]

Hely Lopes Meirelles define bens públicos, em sentido amplo, como "todas as coisas, corpóreas ou incorpóreas, imóveis, móveis e semoventes, créditos, direitos e ações que pertençam, a qualquer título, às entidades estatais, autárquicas, fundacionais e empresas governamentais".[82]

A seguir, o citado autor classifica os bens públicos em bens de uso comum do povo ou do domínio público, bens de uso especial ou do

---

78. *Direito Administrativo Brasileiro*, p. 498.
79. Idem, ibidem.
80. Idem, p. 499.
81. Idem, ibidem.
82. Idem, p. 501.

patrimônio administrativo e bens dominiais ou do patrimônio disponível. Os bens de uso comum do povo ou do domínio público são os de uso coletivo, de fruição própria do povo. Os bens de uso especial ou do patrimônio administrativo são os destinados à execução dos serviços públicos e, por isso mesmo, considerados instrumentos desses serviços, o que os coloca na categoria de bens patrimoniais indisponíveis.

Os bens dominiais são os que integram o domínio público, mas deles diferem porque podem ser utilizados em qualquer fim ou mesmo alienados pela Administração, razão pela qual são denominados, também, bens patrimoniais disponíveis ou bens do patrimônio fiscal.[83]

Os bens públicos estariam submetidos ao regime jurídico da imprescritibilidade, impenhorabilidade e não-oneração dos bens públicos.

A imprescritibilidade decorre como conseqüência lógica da inalienabilidade originária dos bens. O autor afirma ser impossível a invocação de usucapião sobre eles.[84]

A impenhorabilidade dos bens públicos decorreria do preceito constitucional que regula a forma de execução contra a Fazenda Pública, que dispensa a penhora dos bens.[85]

A não-oneração decorreria da inalienabilidade e da impenhorabilidade do bem, pois desde que a Constituição da República retirou a possibilidade de penhora de bens da Fazenda Pública, retirou também a possibilidade de oneração de tais bens, já que a execução de toda garantia real principia pela penhora, na ação executiva correspondente.[86]

5.4 A doutrina de Lúcia Valle Figueiredo

Lúcia Valle Figueiredo define bens públicos como "todos aqueles, quer corpóreos, quer incorpóreos, portanto imóveis, móveis, semoventes, créditos, direitos e ações, que pertençam, a qualquer título, à União, Estados, Municípios, respectivas autarquias e fundações de direito público.

---

83. Idem, p. 503.
84. Idem, p. 524.
85. Idem, ibidem.
86. Idem, p. 525.

Configuram esses bens o patrimônio público e se encontram sob o regime de direito público".[87]

Os bens públicos classificam-se, quanto ao tipo, em móveis, imóveis, semoventes, créditos, direitos e ações, quanto à titularidade, pertencentes à União, Estados, Municípios e autarquias e, quanto à destinação, em bens de uso comum, uso especial e dominicais.[88] Os bens de uso comum do povo são aqueles cuja finalidade é o desfrute do povo. Os bens de uso especial são os que têm destinação específica, isto é, afetam-se à execução de serviços públicos determinados, e os bens dominicais são os que se encontram no patrimônio da União, Estado ou Municípios e autarquias, como objeto de direito pessoal ou real dessas entidades. Os bens dominicais podem ser entendidos residualmente entre aqueles que não são de uso comum do povo, quer por sua própria natureza, quer por sua destinação específica, ou que não são de uso especial.[89] Os bens dominicais não se sujeitam ao regime de direito privado. Todo o patrimônio público rege-se pelo regime de direito público.[90]

Os bens públicos sujeitam-se a um regime jurídico. Tais bens são inalienáveis, em princípio. A inalienabilidade será absoluta em relação aos bens de uso comum do povo e relativa se o bem for afetado a qualquer uso especial. Neste caso, a possibilidade de alienação surge após a desafetação do bem. Os bens dominicais podem ser alienados desde que observada estritamente a lei. Assim, a alienação deve ser precedida de prévia avaliação e de licitação, salvo as exceções legais, se presentes razões de interesse público devidamente explicitadas.[91]

Os bens públicos são imprescritíveis. A imprescritibilidade vem desde o Código Civil e atualmente lastreia-se nos arts. 183, § 3º, e 191, parágrafo único da Constituição da República. A regra, destarte, é a impossibilidade de ser adquirido o domínio de bens públicos por usucapião, mesmo que excepcionalmente.[92]

87. *Curso de Direito Administrativo*, p. 555.
88. Idem, p. 563.
89. Idem, p. 564.
90. Idem, p. 565.
91. Idem, ibidem.
92. Idem, p. 567.

Os bens públicos são impenhoráveis. Impenhorabilidade que deflui da própria inalienabilidade.[93]

5.5 A doutrina de Maria Sylvia Zanela Di Pietro

De acordo com Maria Sylvia Zanela Di Pietro, no direito brasileiro, a primeira classificação metódica dos bens públicos foi realizada pelo Código Civil de 1916, que, no art. 66, dividiu os bens em bens de uso comum do povo, bens de uso especial e bens dominicais. O Código Civil de 2002 manteve a mesma classificação, mas incluiu, de modo claro, entre os bens públicos, os que pertencem às pessoas jurídicas de direito público.[94]

Esta classificação seguiria o critério da destinação ou afetação dos bens: uso coletivo em relação aos bens de uso comum do povo; uso da Administração para realização dos seus objetivos em relação aos bens de uso especial e uso indefinido, normalmente ligado à produção de renda em relação aos bens dominicais.[95]

Desta forma, sob o aspecto jurídico, o ordenamento jurídico brasileiro comportaria duas modalidades de bens públicos. Os bens que integram o chamado domínio público do Estado, que açambarcariam os bens de uso comum do povo e os de uso especial, e os bens que integram o domínio privado do Estado, que alcançariam os bens dominicais.[96]

Na definição de bens do domínio público do Estado devem, segundo a autora, estar presentes os seguintes elementos: 1. conjunto de bens móveis e imóveis; 2. a idéia de pertinência à Administração, que afasta a tese de que o Poder Público não exerce o direito de propriedade sobre os bens públicos; 3. a afetação ao uso coletivo ou ao uso da Administração; 4. o regime jurídico de direito público, derrogatório e exorbitante de direito privado.[97]

Os bens de uso comum do povo são os que, por determinação legal ou por sua própria natureza, podem ser utilizados por todos, em

---

93. Idem, p. 569.
94. *Direito Administrativo*, pp. 564-565.
95. Idem, p. 565.
96. Idem, p. 566.
97. Idem, p. 568.

igualdade de condições, sem necessidade de consentimento individualizado por parte da Administração, como no caso das ruas, praças, estradas, águas do mar, rios navegáveis, ilhas oceânicas.[98]

Os bens de uso especial são os bens utilizados pela Administração na realização de suas atividades e consecução de seus fins. A autora critica a denominação bens de uso especial por servir para designar tanto o uso privativo de um bem público por particular quanto o uso comum sujeito a maiores restrições, como pagamento de pedágio e autorização para circulação de veículos especiais, e recomenda, como mais adequada, a expressão bens do patrimônio indisponível, utilizada no direito italiano e pelo Código de Contabilidade Pública.[99]

Os bens dominicais, também denominados bens do domínio privado do Estado e bens do patrimônio disponível, podem ser definidos como os bens que constituem o patrimônio das pessoas jurídicas de direito público, como objeto de direito pessoal ou real de cada uma dessas entidades. A eles se reconhece, tradicionalmente, a função patrimonial ou financeira e a submissão ao regime jurídico de direito privado e, modernamente, a realização, ainda que de forma paralela, de objetivos de interesse geral.[100]

Os bens dominicais submeter-se-iam, no silêncio da lei, ao regime jurídico de direito privado, embora diversas normas do direito civil que seriam aplicáveis a estes bens tenham sido derrogadas por normas publicísticas.

Assim, o processo de execução segue rito especial previsto no art. 100 da Constituição, que veda a penhora sobre qualquer tipo de bem público pertencente à União, Estados, Municípios e respectivas autarquias.[101]

A usucapião foi expressamente proibida pelo Decreto n. 22.785, de 31.5.1933, embora as Constituições Federais de 1934, 1937 e 1946 admitissem a *usucapião pro labore*, a legitimação de posse e a preferência para aquisição, enquanto a Lei 6.696, de 10.12.1981 aceita a usucapião especial sobre terras devolutas situadas na área rural.[102]

98. Idem, p. 569.
99. Idem, p. 569.
100. Idem, p. 573.
101. Idem, p. 573.
102. Idem, p. 574.

A alienação dos bens de uso comum e de uso especial pressupõe prévia desafetação, isto é, perda da sua destinação pública e alocação na categoria de bens dominicais, se se pretende fazer uso dos meios privados de alienação. O recurso aos meios públicos de alienação, no entanto, dispensa a prévia desafetação.[103]

Os bens dominicais podem ser alienados por intermédio de institutos do direito privado (compra e venda, doação, permuta) ou do direito público (investidura, legitimação de posse), devendo ser observadas, no entanto, as exigências postas pela lei, que, para alienação onerosa, na esfera federal, pressupõe demonstração do interesse público, prévia avaliação, licitação e autorização legislativa, quando tratar-se de bem imóvel. A doação, a permuta, a dação em pagamento, a investidura e a venda a outro órgão ou entidade da Administração Pública dispensam a realização de licitação.[104]

A análise do pensamento dos autores modernos de direito administrativo que versaram sobre o tema demonstra, na maioria dos casos, uma construção doutrinária a partir da classificação de bens públicos proposta pelo Código Civil – bens de uso comum, bens de uso especial e bens dominicais – que reflete, necessariamente, uma diversidade de regime jurídico, embora com um mínimo de variação possível.

De fato, não há, de acordo com a doutrina citada, um grau considerável de diferenças entre o regime jurídico dos bens de uso comum e especial e os bens dominicais, pois tanto um como outro

---

103. Idem, p. 578. Diz a referida autora:
"Com relação aos bens de uso comum e de uso especial, nenhuma lei estabelece a possibilidade de alienação: por estarem afetados a fins públicos, estão fora do comércio jurídico de direito privado, não podendo ser objeto de relações jurídicas regidas pelo Direito Civil, como compra e venda, doação, permuta, hipoteca, locação, comodato. Para serem alienados pelos métodos de direito privado, têm de ser previamente desafetados, ou seja, passar para a categoria de bens dominicais, pela perda de sua destinação pública. Vale dizer que a inalienabilidade não é absoluta.

"No entanto, é possível a alienação por meio de institutos publicísticos. Dizer que um bem está fora do comércio jurídico significa excluí-lo do comércio jurídico de direito privado, mas não do comércio jurídico de direito público, caso contrário ficaria a Administração impedida de extrair dos bens do domínio público toda a sua potencialidade de utilização em consonância com a função social que é inerente à própria natureza da propriedade pública."

104. Maria Sylvia Zanella Di Pietro, *Direito Administrativo*, p. 579.

seriam bens inalienáveis, impenhoráveis e imprescritíveis, o que levou Lúcia Valle Figueiredo a afirmar que todo o patrimônio rege-se pelo direito público.

6. Bens públicos no ordenamento jurídico brasileiro

No Brasil, encontramos na obra de Themistocles Brandão Cavalcanti uma síntese da terminologia empregada no Código Civil de 1916 e no direito anterior. Alerta o referido autor que a terminologia dos bens públicos nunca obedeceu a um critério preciso, talvez por conta do abandono a que este tema foi relegado. A divisão dos bens públicos seria matéria afeita aos civilistas.

Em Ribas, Themistocles Brandão Cavalcanti encontra a divisão dos bens públicos em duas categorias: bens do domínio público e bens patrimoniais. Os primeiros, bens públicos em sentido restrito, estariam ligados aos fins de cada uma das entidades política e administrativa a que pertencem (nacionais, provinciais e municipais) e compreenderiam os bens destinados ao uso comum dos cidadãos, enquanto outros bens constituiriam o seu domínio privado (bens patrimoniais) e, salvo alguns privilégios, seriam equiparados aos do patrimônio das pessoas particulares jurídicas ou naturais.[105]

Teixeira de Freitas, no *Esboço* e na *Nova Consolidação das Leis Civis*, dividiu os bens públicos ou os bens de domínio nacional em: a) coisas do uso público; b) coisas do domínio do Estado; e c) bens da Coroa.[106]

Clóvis Beviláqua, em seu anteprojeto, propôs a seguinte divisão dos bens públicos quanto à sua natureza: a) de uso comum; b) de uso especial; e c) patrimoniais. Esta terminologia foi modificada pela Comissão presidida por Epitácio Pessoa, que optou por dividir os bens públicos em: a) de uso especial; b) de uso comum; c) dominiais.[107]

O Código Civil de 1916, em seu art. 66, dividiu os bens públicos em: a) de uso comum; b) de uso especial; c) dominicais. Em seus comentários ao Código Civil, Clóvis Beviláqua esclarece que os pri-

---

105. Themistocles Brandão Cavalcanti, ob. cit., p. 330.
106. Idem, p. 331.
107. Idem, p. 333.

meiros são os que pertencem a todos (*res communes omnium*), cujo proprietário é a coletividade, o povo.

Os segundos são propriedade da União, do Estado ou do Município, porém aplicados à determinada ordem de serviço público, enquanto os terceiros são patrimoniais e sobre eles os entes da federação exercem poderes de proprietário segundo os preceitos do direito constitucional e administrativo.[108]

O novo Código Civil de 2002 definiu, em seu art. 98, como públicos, os bens do domínio nacional pertencentes às pessoas jurídicas de direito público interno, e, entre os bens públicos, no art. 99, repetindo divisão presente no Código Civil de 1916, em seu art. 66, distinguiu-os em a) de uso comum; b) de uso especial; c) dominicais.

Renan Lotufo, ao comentar o art. 99 do novo Código Civil, ensina que os bens públicos de uso comum e os de uso especial são bens do domínio público do Estado, enquanto os bens dominicais, isto é, os bens sobre os quais o Poder Público exerce poderes de proprietário, são de domínio privado do Estado.[109]

6.1 Classificação dos bens públicos

Os bens públicos sofrem classificações. José Cretella Júnior elege quatro critérios para classificar os bens públicos: a) quanto aos titulares; b) quanto à sua natureza: c) quanto à constituição geográfica; d) quanto ao processo de formação.[110]

O primeiro critério valoriza o titular da relação jurídica de propriedade. Os bens públicos seriam federais, estaduais, municipais e autárquicos. Este critério é parcialmente utilizado por Celso Antônio Bandeira de Mello, para quem os "bens públicos são todos os bens que pertencem às pessoas jurídicas de Direito Público, isto é, União, Estados, Distrito Federal, Municípios, respectivas autarquias e fundações de Direito Público".[111]

Referi-me a critério parcial, pois o citado autor vale-se da lição de Ruy Cirne Lima e considera bens públicos os que, embora não per-

---

108. Clóvis Beviláqua, *Código Civil dos Estados Unidos do Brasil*, vol. 1, p. 301.
109. *Código Civil Comentado*, vol. 1, p. 100.
110. *Dos Bens Públicos no Direito Brasileiro*, p. 42.
111. *Curso de Direito Administrativo*, p. 844.

tencentes a tais pessoas, estejam afetados à prestação de um serviço público, privilegiando, com isso, o entendimento de que é indiferente quem seja o proprietário da coisa vinculada ao uso público, pois a relação de administração paralisará, em qualquer caso, a relação de direito subjetivo.[112]

Ruy Cirne Lima distingue em sua obra o domínio público e o patrimônio administrativo e explica que no domínio público ocorre a forma mais completa de participação de um bem na atividade administrativa, enquanto no patrimônio administrativo os bens são meros instrumentos de execução dos serviços públicos.[113] Diz o autor:

"As duas expressões 'domínio público e patrimônio administrativo' não possuem, quanto ao conteúdo, a mesma intensidade; antes designam duas porções diferentes de participação dos bens na atividade administrativa.

"Sob esse aspecto, pode o domínio público definir-se como a forma mais completa de participação de um bem na atividade administrativa. São os bens de uso comum, ou do domínio público, o serviço mesmo prestado ao público pela administração. Assim, as estradas, ruas e praças (art. 66, I, Cód. Civ.).

"Pelo contrário, os bens do patrimônio administrativo são meramente instrumentos de execução dos serviços públicos; não participam propriamente da administração pública, porém do aparelho administrativo; antes se aproximam do agente do que da ação por este desenvolvida. Assim, os edifícios das repartições públicas (art. 66, II, Cód. Civ.)."[114]

Celso Antônio Bandeira de Mello, ao comentar a lição de Ruy Cirne Lima, afirma que para o citado autor "a noção de domínio público é mais extensa que a de propriedade, pois nele se incluem bens que não pertencem ao Poder Público; a marca específica dos que compõem tal domínio é a de participarem da atividade administrativa pública, encontrando-se, pois, sob o signo da relação de administração.[115] Com efeito, os bens comprometidos com o serviço ou ativi-

---
112. Idem, ibidem.
113. *Princípios de Direito Administrativo*, p. 75.
114. Idem, p. 74.
115. *Curso de Direito Administrativo*, p. 844.

dade pública ficam votados à satisfação de necessidades ou conveniências públicas, delas não podendo ser distraídos, o que os faz inaptos a garantirem pretensões de terceiros".[116]

O segundo critério leva em conta a própria forma de ser do bem ou a sua natureza, por exemplo, bens imóveis, bens móveis. Aduz José Cretella Júnior ser pacífica a doutrina a respeito do fato de os bens imóveis, em geral, integrarem o domínio público enquanto que, com relação aos bens móveis, haveria discussão na doutrina em incluí-los no domínio público, pelo fato de os bens móveis expostos ao uso livre e individual se consumirem, extinguirem-se, com o que não concorda o citado autor ao lembrar que diversos bens móveis não se destroem pelo uso, além do que são protegidos pelo regime jurídico do domínio público. Para ele, se os bens móveis "de que são detentoras as pessoas jurídicas públicas são idôneos para o uso direto ou indireto do público, nenhum óbice de natureza pública se interpõe para incluí-los no domínio público" e conclui, citando outro autor, que "as coisas públicas abrangem todas as coisas corpóreas afetadas a um fim público pelo Estado e os agrupamentos públicos, sem que se leve em conta se se trata de imóveis ou móveis, ou se destinam ao uso de todos ou não".[117]

O terceiro critério – quanto à constituição geográfica – toma em conta o aspecto geográfico ou geofísico, dividindo os bens públicos em: a) terrestres, formados por imóveis; b) hídricos, formados pelas águas públicas, classificando-se em marítimo, fluvial, lacustre; c) terrestre-hídricos, formados por bens em que se combinam a terra e água, como ilhas, penínsulas e portos; d) aéreos, formados por toda porção atmosférica situada sobre o território do Estado.

A Constituição Federal discriminou no art. 20 os bens da União: os que atualmente lhe pertencem e os que lhe vierem a ser atribuídos; as terras devolutas,[118] indispensáveis à defesa das fronteiras, das for-

---

116. "Impenhorabilidade dos bens das empresas estatais exercentes de atividades públicas", *Revista Trimestral de Direito Público* 31/21-22.
117. Yorodzu Oda, *Principes de Droit Administratif du Japon*, p. 323, apud José Cretella Júnior, *Dos Bens Públicos...*, p. 48.
118. As terras devolutas, nos ensinamentos de Celso Antônio Bandeira de Mello, *Curso de Direito Administrativo*, pp. 850-851, "são as terras públicas não aplicadas ao uso comum nem ao uso especial. (...) Pertencem ao Estado – sem estarem aplicadas a qualquer uso público – porque nem foram trespassadas do Poder

tificações e construções militares, das vias federais de comunicação e à preservação ambiental, definidas em lei;[119] os lagos,[120] rios[121] e quaisquer correntes de água em terrenos de seu domínio, ou que banhem mais de um Estado, sirvam de limites com outros países, ou se estendam a território estrangeiro ou dele provenham, bem como os terrenos marginais e as praias fluviais; as ilhas fluviais e lacustres nas zonas limítrofes com outros países; as praias marítimas; as ilhas oceânicas e as costeiras, excluídas, destas, as áreas que estiverem no domínio dos Estados;[122] os recursos naturais da plataforma continental e da zona econômica exclusiva; o mar territorial;[123] os terrenos de

Público aos particulares, ou, se o foram, caíram em comisso [reversão], nem se integraram no domínio privado por algum título reconhecido como legítimo". O conceito de terras devolutas foi dado pela Lei Imperial 601, de 18.9.1850. Essas terras, até a proclamação da República, pertenciam à Nação; pela Constituição de 1891 foram transferidas aos Estados-Membros (art. 64) e alguns destes a transpassaram, em parte, aos Municípios.
119. A Lei n. 5.130, de 1º.10.1966, alterado pela Lei n. 5.496, de 29.11.1973, dispõe sobre as zonas indispensáveis à defesa do País.
120. Diz José Cretella Júnior, *Dos Bens Públicos*..., p. 246: "Lagos são as águas das nascentes que se reúnem antes de correrem. Há que distinguir entre estagnação e refluxo. Aquela é a parada da água por falta de declive, esta é a mesma parada por uma retardação ou obstáculo que lhe alça o nível, espalhando-a pelos terrenos circunvizinhos. Os lagos tanto podem ser origem de rios, como ser por eles formados. Os que dão origem a rios recebem o nome de lagos abertos, os que se alimentam de suas próprias fontes sem as derivar para fora são os lagos fechados".
121. Para José Cretella Júnior, *Dos Bens Públicos*..., p. 242: "Rio diz-se geralmente um curso d'água considerável que conserva seu nome até lançar-se ao mar, ou melhor, é um curso d'água considerável em extensão e largura".
122. De acordo com Alexandre de Moraes, *Constituição do Brasil Interpretada*, p. 651: "a ressalva contida no mencionado dispositivo, quanto às áreas nelas situadas que estiverem no domínio dos Estados, tem sentido explicativo quanto à possibilidade de parcelas de tais ilhas terem sido, no passado, e virem a ser, no futuro, transferidas para os Estados, pelos meios regulares de direito. Dessas áreas é que cuida o art. 26, II, da Carta de 1988, ao referir-se às áreas, nas ilhas costeiras, que estiverem no domínio dos Estados".
123. Lei n. 8.617/1993 dispõe sobre o mar territorial, a zona contígua, a zona exclusiva e plataforma continental brasileira. De acordo com Alexandre de Moraes, ob. cit., p. 652:
"(...) o mar territorial é a área constitucionalmente posta sob o domínio federal, incluído em sua esfera dominial. O Brasil, de forma unilateral, havia alterado a previsão internacional de 12 milhas e passou a fixar a largura do mar territorial em 200 milhas, por meio do Decreto-lei n. 1.098/70, visando possibilitar maior exploração das riquezas naturais do litoral brasileiro.

marinha[124] e seus acrescidos; os potenciais de energia hidráulica; os recursos minerais, inclusive os do subsolo; as cavidades naturais sub-

"Posteriormente, com a edição da Lei n. 8.617, de 4.1.1993, o mar territorial brasileiro voltou a compreender uma faixa de doze milhas marítimas de largura, medidas a partir da linha de baixa-mar do litoral continental e insular brasileiro, tal como indicada nas cartas náuticas de grande escala, reconhecidas oficialmente do Brasil (...).

"Após a faixa de 12 milhas marítimas, correspondente ao mar territorial, a Lei n. 8.617/93 (art. 4º), define a zona contígua brasileira com aquela que compreende uma faixa que se estende das 12 a 24 milhas marítimas, contadas a partir das linhas de base que servem para medir a largura do mar territorial.

"Na zona contígua, o Brasil poderá tomar as medidas de fiscalização necessárias para evitar infrações às leis e aos regulamentos aduaneiros, fiscais, de imigração ou sanitários, em seu território ou em seu mar territorial e reprimir as infrações às leis e aos regulamentos, em seu território ou em seu mar territorial.

"A legislação brasileira também define a zona econômica exclusiva brasileira, compreendendo a faixa que se estende das 12 às 200 milhas marítimas, contadas a partir das linhas de base que servem para medir a largura do mar territorial. Nessa zona econômica exclusiva, o Brasil tem direitos de soberania para fins de exploração e aproveitamento, conservação e gestão dos recursos naturais, vivos ou não-vivos, das águas sobrejacentes ao leito do mar, do leito do mar e seu subsolo, e no que se refere a outras atividades com vista na exploração e no aproveitamento da zona para fins econômicos. (...)

"Por fim, a lei define a plataforma continental do Brasil como aquela que compreende o leito e o subsolo das áreas submarinas que se estendem além de seu mar territorial, em toda a extensão do prolongamento natural de seu território terrestre, até o bordo exterior da margem continental, ou até uma distância de 200 milhas marítimas das linhas de base, a partir das quais se mede a largura do mar territorial, nos casos em que o bordo exterior da margem continental não atinja essa distância (...). O Brasil exerce direitos de soberania sobre a plataforma continental, para efeitos de exploração e aproveitamento de seus recursos naturais."

José Cretella Júnior anota em sua obra, *Dos Bens Públicos...*, p. 239 que "sobre esse território marítimo, assim universalmente fixado, exercem os Estados direitos de jurisdição e império que todavia não chega a constituir direito de propriedade, pois o mar não é, por sua natureza, passível de apropriação. Pode-se alienar seu uso, a exploração de seus produtos naturais, o direito de pesca; não se pode alienar o mar; somente o domínio sobre ele, mediante as condições de cessão do território nacional, pode ser transferido a outro Estado. Assim, sobre esse território tem o Estado, no exercício de direitos soberanos, o direito de estabelecer medidas de conveniência, segurança e ordem públicas, tendentes a regulamentar a navegação e o comércio marítimo, a fiscalização da renda aduaneira, o exercício da pesca e saneamento do litoral, a imposição de quarentenas e observações sanitárias".

124. O art. 2º do Decreto-lei n. 9.760/1946 define terrenos de marinha: "São terrenos de marinha, em uma profundidade de 33 (trinta e três) metros, medidos horizontalmente, para a parte da terra, da posição da linha do preamar médio de 1831: a) os situados no continente, na costa marítima e nas margens dos rios e lagoas, até onde

terrâneas e os sítios arqueológicos e pré-históricos; as terras tradicionalmente ocupadas pelos índios.[125]

Aos Estados-membros, entre outros bens, pertencem as águas superficiais ou subterrâneas, fluentes, emergentes e em depósito, ressalvadas, neste caso, na forma da lei, as decorrentes de obras da União; as áreas, nas ilhas oceânicas e costeiras, que estiverem no seu domínio, excluídas as ilhas sob domínio da União, Municípios ou terceiros; as ilhas fluviais e lacustres não pertencentes à União; as terras devolutas não compreendidas entre as da União. Nesse caso, a Constituição Federal preferiu não esgotar o rol dos bens de propriedade dos Estados-membros.

O quarto critério – processo de formação – resulta do modo de constituição dos bens, e quanto a isso eles podem ser naturais e artificiais.

A classificação decorrente destes quatro critérios pouco nos interessa. A nossa atenção volta-se à classificação dada pela suposta finalidade a ser atingida pelo bem e admitida em nosso ordenamento jurídico a partir da promulgação do Código Civil de 1916 – bens de uso comum do povo, bens de uso especial e bens dominicais – e que serve para submetê-los a regime jurídico diverso.[126]

se faça sentir a influência das marés; b) os que contornam as ilhas situadas em zona onde se faça sentir a influência das marés. Parágrafo único: Para efeitos deste artigo a influência das marés é caracterizada pela oscilação periódica de 5 (cinco) centímetros pelo menos do nível das águas, que ocorra em qualquer época do ano".
125. A Constituição Federal no § 1º do art. 231 cuidou de definir o conceito de terras tradicionalmente ocupadas pelos índios como "as por eles habitadas em caráter permanente, as utilizadas para suas atividades produtivas, as imprescindíveis à preservação dos recursos ambientais necessários a seu bem-estar e as necessárias a sua reprodução física e cultural, segundo seus usos, costumes e tradições". Em relação a essas terras os índios serão usufrutuários das riquezas do solo, dos rios e dos lagos nelas existentes, cabendo à União a nua-propriedade.
126. José Cretella Júnior, *Dos Bens Públicos...*, p. 230 propõe classificação diversa. A melhor nomenclatura seria bens de uso comum, bens do patrimônio indisponível, bens do patrimônio disponível.
"De uso comum, expressão empregada para designar o primeiro tipo dos bens do domínio público, é denominação que, por si só, revela o destino, a utilização generalizada desta porção das coisas públicas. Do patrimônio indisponível, ao invés de uso especial, é a expressão que preferimos para designar o segundo tipo dos bens do domínio público, visto que a denominação de uso especial levaria a uma indébita assimilação a determinados bens, os de uso privativo, usufruídos não por *quisque de*

O destino das coisas serviu de origem a critérios essenciais para indicar se um bem é ou não público: o do uso público e o do fim administrativo. O critério do uso público considera que devem ser públicas as coisas destinadas ao uso de todos. O critério do fim público considera pública toda a coisa que esteja afetada ao serviço público, pouco importando a forma ou o título, ou, ainda, que satisfaça a um dos seus fins pela simples aplicação ou emprego direito.

Na primeira hipótese – critério do uso público –, extraído do direito romano, integram a categoria de bens públicos aqueles que podem ser utilizados, sem necessidade de permissão ou autorização, por qualquer do povo.

Sobre eles manifestou-se José Cretella Júnior: "As *res communes* são as coisas que em sua totalidade não são suscetíveis de apropriação individual, mas que podem ser usadas por todos, segundo a própria natureza delas, conquistando-lhes a propriedade mediante a ocupação de qualquer parte definida e limitada, como o ar, a *aqua profluens*, o mar e o *litus maris*".[127]

Os bens de uso comum são também conhecidos como bens do domínio público, coisas de uso público, bens de domínio público.[128] A principal característica de tais bens é o gozo gratuito sem a necessidade de autorização especial.

No segundo critério – o do fim público – ganha relevo o critério da afetação, proposto por Hauriou, para quem o ato de afetação à utilidade pública é que imprimiria caráter às coisas públicas.[129] Os bens públicos reúnem aptidão para satisfazer às necessidades da coletividade tão elevada, natural ou criada, a chamada utilidade pública, que devem submeter-se ao domínio de uma pessoa de direito público e a um regime de direito público.[130] Héctor Jorge Escola esclarece em sua obra que a determinação se um bem ou uma coisa deve submeter-se

populo, mas por determinadas pessoas que preencham certos requisitos prescritos em lei.

"Do patrimônio disponível, ao invés de dominicais, é, por fim, a terceira expressão adotada, porque este último vocábulo, embora tenha também o sentido de dominiais, abriga em si outro significado que, por sinal, é o mais corrente, na língua."
127. Idem, p. 53.
128. Themistocles Brandão Cavalcanti, ob. cit., p. 371.
129. Marcelo Caetano, ob. cit., pp. 883-885.
130. Idem, p. 887.

ao regime jurídico do domínio público ou ao regime jurídico do domínio privado do Estado é uma questão de caráter teleológico, pois o que deve ser levado em conta, de maneira preferencial, é se esses bens ou coisas estão ou não afetados a um uso público, direto ou indireto.[131]

Embora não discordemos dos que sustentam apenas encontrar na Lei a resposta para qualificação de um bem público,[132] não podemos nos esquecer de que no Brasil o destino dos bens e os respectivos usos desempenharam um importante papel na criação do sistema de repartição do domínio Estatal.[133]

6.1.1 Bens de uso comum

Os bens de uso comum beneficiam qualquer um do povo. Toda e qualquer pessoa, sem outra restrição, exceto a de observar as disposições regulamentares existentes, ditadas pela autoridade competente, pode usar os bens de uso comum.[134]

---

131. *Compendio de Derecho Administrativo*, p. 975.
132. Marcelo Caetano, ob. cit., p. 886, "já ficou dito que, em nossa opinião, a publicidade das coisas resulta da lei: é um carácter atribuído pelo Direito positivo. Qualquer teoria elaborada acerca da definição das coisas públicas não poderá aspirar a substituir-se à lei: tem de assentar em bases dogmáticas e urdir os fios colhidos nos preceitos legais de modo a fazer a síntese dos diversos elementos encontrados. Ou por outras palavras: a teoria visa descobrir a unidade oculta sob a aparente diversidade das disposições legislativas".
133. A respeito do critério de classificação existente no art. 99 do Código Civil brasileiro de 2002, Maria Sylvia Zanella Di Pietro, *Direito Administrativo*, p. 565, assim se manifestou: "O critério dessa classificação é o da *destinação* ou *afetação* dos bens: os da primeira categoria são destinados, por *natureza* ou por *lei*, ao uso coletivo; os da segunda ao uso da Administração, para consecução de seus objetivos, como os imóveis onde estão instaladas as repartições públicas, os bens móveis utilizados na realização dos serviços públicos (veículos oficiais, materiais de consumo, navios de guerra), as terras dos silvícolas, os mercados municipais, os teatros públicos, os cemitérios públicos; os da terceira não têm destinação pública definida, razão pela qual podem ser aplicados pelo Poder Público para obtenção de renda; é o caso das terras devolutas, dos terrenos de marinha, dos imóveis não utilizados pela Administração, dos bens móveis que se tornem inservíveis".
134. De acordo com F. C. Pontes de Miranda, *Tratado de Direito Privado*, p. 172: "o titular do direito sobre os bens do art. 66, I, não é a pessoa de direito público, – é o povo mesmo, posto que ao Estado caiba velar por eles. O que se chama teoria da propriedade pública não é mais do que teoria do uso público, da destinação especial dos bens ditos públicos". E prossegue o autor: "as estradas, ruas e praças, e os rios, de que fala o art. 66, I, são, de regra, bens do estado, que sobre eles exerce

Os bens de uso comum são prepostos ou afetados a um certo destino que configure o uso comum. A afetação pode decorrer da própria natureza do bem ou de ato administrativo ou de dispositivo legal que predisponha o bem ao uso comum.

Podemos citar como exemplos de bens públicos de uso comum da União, o mar territorial, as praias, as estradas públicas federais; como bens públicos de uso comum dos Estados, os lagos situados em terrenos de seu domínio, parques, estradas estaduais; como bens públicos de uso comum dos Municípios, as ruas, as praças, os jardins, os logradouros públicos, as estradas públicas.

De acordo com José Cretella Júnior: "os usuários dos bens de uso comum são o povo e não o indivíduo. Cada indivíduo realiza e pratica tal uso na qualidade de membro da coletividade. Ao contrário do que ocorre com o uso especial ou privativo, em que o público usuário é constituído por um público específico, representado pelos titulares dos respectivos direitos, o que evidentemente permite individualizar o usuário, em matéria de uso comum o público não é 'específico', mas 'genérico' – a coletividade, o que exclui qualquer individualização".[135]

No mesmo sentido a opinião de Héctor Jorge Escola, para quem o sujeito do uso comum é a coletividade, a comunidade, e nunca o indivíduo, razão pela qual a regra de que nesses casos o usuário deva ser sempre anônimo, indeterminado, não individualizado.[136]

Não obstante o entendimento supra, o fato é que tais bens também permitem um direito subjetivo de livre fruição.

É o pensamento de Hely Lopes Meirelles, que define o uso comum do povo como "todo aquele que se reconhece à coletividade em geral sobre os bens públicos, sem discriminação de usuários ou ordem especial para sua fruição". Para esta modalidade de bens apenas "se admitem regulamentações gerais de ordem pública, preservadora da segurança, da higiene, da saúde, da moral e dos bons costumes, sem particularizações de pessoas ou categorias sociais.

---

poder público, e não o poder de proprietário. Por serem destinadas ao uso comum, tal poder público está limitado pela destinação que se lhes deu e somente por lei se pode mudar".
135. *Dos Bens Públicos...*, p. 57.
136. *Compendio de Derecho Administrativo*, p. 1.007.

Qualquer restrição ao direito subjetivo de livre fruição, (...) só pode ser feita em caráter excepcional".[137]

O particular ou administrado em relação ao bem afetado ao uso comum do povo ocuparia duas possíveis posições, consoante lição de Maria Sylvia Zanella Di Pietro: uma, enquanto membro da coletividade, partícipe do interesse coletivo na preservação do uso comum; a outra, enquanto usuário concreto do bem de uso comum que lhe daria a condição de titular de direito subjetivo público passível de ser defendido nas vias administrativa e judicial quando sofresse cerceio no exercício deste direito.[138]

6.1.2 Bens de uso especial

O uso especial do bem público a que se refere o Código Civil é o uso privativo do Poder Público e não do público. O uso especial do bem público restringe-se ao uso específico do bem por uma das pessoas políticas de direito público.

José Cretella Júnior define-os como os "imóveis, edifícios e terrenos aplicados a serviço de repartição ou estabelecimentos públicos, bem como os móveis e material, indispensáveis para o funcionamento de tais serviços".[139]

---

137. *Direito Administrativo Brasileiro*, p. 505. Colhe-se ainda da obra do referido autor esta preciosa passagem: "No uso comum do povo os usuários são anônimos, indeterminados, e os bens utilizados o são por todos os membros da coletividade – *uti universi* –, razão pela qual ninguém tem direito ao uso exclusivo ou a privilégios na utilização do bem: o direito de cada indivíduo limita-se à igualdade com os demais na fruição do bem ou no suportar os ônus dele resultantes" (idem, p. 506).

138. *Direito Administrativo*, pp. 584-585: "O administrado, frente ao bem afetado ao uso comum do povo, pode estar em duas posições: 1. como membro da coletividade, participa do *interesse coletivo* na preservação do uso comum; mas esse interesse não tem a natureza de direito subjetivo, porque seus titulares não dispõem da faculdade de compelir quem o contraria a cessar a prática do ato danoso; eventualmente, o cidadão poderá propor a ação popular desde que o dano decorra de ato da Administração, ou mesmo de omissão, quando esta deixe de exercer o seu poder de polícia, disso resultando prejuízo ao uso comum, causado pelo particular; 2. individualmente considerado, como usuário em concreto do bem de uso comum, o administrado pode ser titular de *direito subjetivo público*, defensável nas vias administrativa e judicial, quando sofrer cerceamento no livre exercício do uso comum, em decorrência de ato de terceiro ou da própria Administração".

139. *Dos Bens Públicos...*, p. 256.

Para Themistocles Brandão Cavalcanti, "bens de uso especial são aqueles bens patrimoniais do Estado que têm destino próprio, inerente à sua natureza e finalidade".[140]

Lúcia Valle Figueiredo define-os como "os que têm destinação específica. É dizer, afetam-se à execução de serviços públicos determinados – v.g., os edifícios públicos onde são prestados os serviços públicos".[141]

Maria Sylvia Zanella Di Pietro define bens de uso especial como "todas as coisas, móveis ou imóveis, corpóreas ou incorpóreas, utilizadas pela Administração Pública para realização de suas atividades e consecução de seus fins".[142]

Uso especial, de acordo com Hely Lopes Meirelles "é todo aquele que, por um título individual, a Administração atribui a determinada pessoa para fruir de um bem público com exclusividade, nas condições convencionadas. É também uso especial aquele a que a Administração impõe restrições ou para o qual exige pagamento, bem como o que ela mesma faz de seus bens para a execução dos serviços públicos (...)".[143]

Os bens de uso especial servem, portanto, de instrumento à realização de fins públicos.

A União, Estados, Municípios, Distrito Federal e autarquias são os titulares do uso especial, cabendo-lhes não apenas usar os bens conferidos para alcançar as finalidades pressupostas, mas, também, zelar pela conservação desses bens.[144]

6.1.3 Bens dominicais

Os bens dominicais são denominados bens disponíveis, bens do patrimônio disponível, bens patrimoniais disponíveis, bens do patrimônio fiscal, bens patrimoniais do Estado, bens do domínio privado do Estado.[145]

---

140. Themistocles Brandão Cavalcanti, ob. cit., p. 391.
141. *Curso de Direito Administrativo*, p. 564.
142. *Direito Administrativo*, p. 569.
143. *Direito Administrativo Brasileiro*, p. 507.
144. José Cretella Júnior, *Dos Bens Públicos...*, p. 256.
145. Idem, p. 261.

Hely Lopes Meirelles define-os como os bens "que, embora integrando o domínio público como os demais, deles diferem pela possibilidade sempre presente de serem utilizados em qualquer fim ou, mesmo, alienados pela Administração, se assim o desejar. Daí por que recebem também a denominação de *bens patrimoniais disponíveis* ou de *bens do patrimônio fiscal*. Tais bens integram o patrimônio do Estado como objeto de direito pessoal ou real, isto é, sobre eles a Administração exerce 'poderes de proprietário, segundo os preceitos de Direitos Constitucional e Administrativo', na autorizada expressão de Clóvis Beviláqua".[146]

Celso Antônio Bandeira de Mello define-os de modo semelhante como os "próprios do Estado como objeto de direito real, não aplicados nem ao uso comum, nem ao uso especial, tais os terrenos ou terras em geral, sobre os quais tem senhoria, à moda de qualquer proprietário, ou que, do mesmo modo, lhe assistam em conta de direito pessoal".[147]

Os bens dominicais ou pertenciam ao Estado, embora em outra classe de bens – uso comum ou uso especial –, ou pertenciam aos particulares e foram transferidos para o patrimônio do Estado.[148]

Os bens dominicais exerceriam uma função patrimonial ou financeira por se destinarem, principalmente, a garantir rendas ao Estado.

Nesse sentido a lição de José Cretella Júnior, para quem, "dos três tipos de bens do domínio público nacional, apenas os bens dominicais produzem renda, constituindo, propriamente, o patrimônio do Estado.

"As denominadas receitas originárias são oriundas desses bens, objetos com os quais o Estado tem relação de propriedade. Trata-se de bens explorados pelo Estado com intuito de lucro, graças a atividades diretas exercidas sobre eles."[149]

O conceito e a classificação desta espécie de bens apresentam poucas divergências na tradição jurídica. Os bens dominicais guardariam, originariamente, semelhanças com a propriedade privada, o que

---

146. *Direito Administrativo Brasileiro*, pp. 503-504.
147. *Curso de Direito Administrativo*, p. 845.
148. José Cretella Júnior, *Dos Bens Públicos*..., p. 83.
149. Idem, p. 262.

levou a certos exageros, como o narrado por Themistocles Brandão Cavalcanti: "o excesso da discriminação desses bens como do domínio privado levou Persico ao exagero de dizer que 'os bens patrimoniais, como verdadeira propriedade, em seu sentido comum, são administrados pelo Ministro das Finanças, que, segundo as leis e os regulamentos, os administra como qualquer proprietário as coisas particulares e do domínio privado".[150]

Odete Medauar critica estas denominações por induzirem à falsa concepção de que o regime dos bens dominicais seria semelhante ao regime jurídico dos bens particulares: "Tais bens aparecem tratados sob a rubrica de bens do domínio privado do Estado ou bens do patrimônio disponível. Com tais expressões se pretenderia expressar que os vínculos da Administração com os bens dominicais seriam semelhantes aos vínculos do particular com os bens de seu patrimônio, em especial pela facilidade de alienação; menciona-se também que seu regime seria precipuamente privado. Deve-se notar, de início, ainda uma vez, que as citadas denominações podem levar a equívocos sobre o regime jurídico de tais bens e a facilidade de disposição".[151]

Hoje, a função patrimonial ou financeira dos bens dominicais estaria relegada a um segundo plano e subordinada ao cumprimento do interesse público primário coincidente com o interesse da coletividade. Aduz, com razão, Maria Sylvia Zanella Di Pietro que "já se entende que a natureza desses bens não é exclusivamente patrimonial; a sua administração pode visar, paralelamente, a objetivos de interesse geral. Com efeito, os bens do domínio privado são freqüentemente utilizados como sede de obras públicas e também cedidos a particulares para fins de utilidade pública".[152]

Com relação aos bens dominicais, esclarece Carlos Roberto Gonçalves que são bens do domínio privado do Estado, e se nenhuma lei houvesse estabelecido normas especiais sobre essa categoria de bens, o seu regime jurídico seria o mesmo que decorre do Código Civil para os bens pertencentes aos particulares, possibilitando, entre outras coisas, a alienação, a prescrição aquisitiva, a penhora.[153]

---

150. Themistocles Brandão Cavalcanti, ob. cit., p. 389.
151. *Direito Administrativo Moderno*, p. 264.
152. *Direito Administrativo*, p. 573.
153. *Direito Civil Brasileiro*, vol. 1, p. 267.

6.2 Regime jurídico dos bens públicos

Os bens públicos estão sujeitos a regras, seja qual for a categoria em que se encontram. Estas regras integram um complexo orgânico, com forma e conteúdo, denominado regime jurídico, a que José Cretella Júnior denomina de intangibilidade dominial, o que torna o bem público mais protegido que o bem privado e se caracteriza por uma série de índices – inalienabilidade, imprescritibilidade – resultantes de providências que resguardam o bem público, impedindo ou dificultando que passe de um a outro sujeito de direito, bem como o tornando imune a atentados que lhe impeçam a mais ampla utilização pelo verdadeiro destinatário.[154]

Cuida-se, no entanto, de um regime jurídico diverso daquele que regula a propriedade privada, pois os princípios que o informam são próprios e específicos do direito administrativo e, portanto, incompatíveis com os princípios informadores do direito privado.

Ensina Odete Medauar que "o regime da dominialidade pública não é um regime equivalente ao da propriedade privada. Os bens públicos têm titulares, mas os direitos e deveres daí resultantes, exercidos pela Administração, não decorrem do direito de propriedade no sentido tradicional. Trata-se de um vínculo específico, de natureza administrativa, que permite e impõe ao Poder Público, titular do bem, assegurar a continuidade e regularidade da sua destinação, contra quaisquer ingerências".[155]

O regime jurídico não é idêntico para todas as espécies de bens, mas variável de acordo com os respectivos fins.

6.2.1 Regime jurídico dos bens de uso comum do povo e dos bens de uso especial

Os bens de uso comum do povo e os bens de uso especial apresentam regime jurídico assemelhado, senão idêntico, porque ambas as categorias de bens se destinam a concretizar fins públicos e ambas as categorias de bens estão afetadas[156] a um fim público relacionado com o uso do bem.

---

154. José Cretella Júnior, *Dos Bens Públicos...*, pp. 328-329.
155. *Direito Administrativo Moderno*, p. 264.
156. José Cretella Júnior, *Dos Bens Públicos...*, p. 97, define "afetação como o

O regime jurídico dos bens de uso comum do povo e de uso especial tem como características o fato de ser: inalienável, imprescritível, impenhorável e impossível de ser onerado.[157]

6.2.1.1 Inalienabilidade

Com relação à inalienabilidade, preceitua o art. 100 do novo Código Civil: "Os bens públicos de uso comum do povo e os de uso especial são inalienáveis, enquanto conservarem a sua qualificação, na forma que a lei determinar".

Inalienabilidade, do ponto de vista jurídico, é a qualidade do que não pode ser alienado, transferido, transmitido a terceiros.[158] Afirma Pontes de Miranda: "diz-se inalienável o bem de que o titular do direito, ou outrem, por ele, não pode dispor".[159] A inalienabilidade dos bens públicos, segundo Roberto Dromi, não significa que os referidos bens públicos estejam absoluta ou totalmente fora do comércio, pois tais bens podem ser objeto de direitos especiais de uso, outorgados ou adquiridos mediante as formas reconhecidas pelo direito administrativo.[160]

A inalienabilidade é característica dos bens de uso comum e de uso especial que pode ser removida, exceto em relação a alguns bens afetados naturalmente ao uso comum como o ar. Afora este caso – bens afetados naturalmente ao uso comum – os demais bens públicos podem tornar-se alienáveis pela realização da desafetação. Na lição de Hely Lopes Meirelles: "os bens públicos são *inalienáveis enquanto destinados ao uso comum do povo* ou a *fins administrativos especiais*, isto é, enquanto tiverem *afetação pública*, ou seja, *destinação pública específica*".[161]

---

ato ou o fato pelo qual se dá ao bem seu destino particular, operação cujo objeto é incorporar um bem no domínio público da pessoa jurídica. Afetar é destinar, consagrar, carismar, batizar determinados bens, que se acham fora do mundo jurídico, ou no mundo jurídico, mas com outra destinação e traços, para que, devidamente aparelhados, entrem para o mundo do direito administrativo, aptos para a produção dos efeitos esperados".
157. Maria Sylvia Zanella Di Pietro, *Direito Administrativo*, p. 570.
158. José Cretella Júnior, *Dos Bens Públicos...*, p. 31.
159. F. C. Pontes de Miranda, ob. cit., p. 175.
160. *Derecho Administrativo*, p. 551.
161. *Direito Administrativo Brasileiro*, p. 517.

A alienação depende da desafetação, isto é, o desinvestimento ou a desconsagração de um bem do seu destino. É a retirada da destinação comum ou especial que marca de modo indelével o bem.

José Cretella Júnior define a desafetação como "o fato ou a manifestação de vontade do poder público mediante a qual um bem do domínio público é subtraído da dominialidade pública para ser incorporado ao domínio privado, do Estado ou do administrado".[162]

E arremata o citado autor: "em suma, a desafetação é a cessação da dominialidade, não em virtude do desaparecimento repentino ou violento da coisa, caso em que se rompe a dominialidade pela extinção do direito de propriedade por falta de objeto sobre que se exerça (...), mas sim em virtude de decisão expressa da administração ou com seu consentimento tácito".[163]

Ao desafetar, a Administração realiza um juízo de valor no sentido de considerar desinteressante para o atendimento de fins públicos o recurso àquele bem, que, assim, poderá ser alienado pelo Poder Público e passar a integrar o patrimônio particular de outrem.

O juízo de valor de desafetação realizado pela Administração não pode ser arbitrário e nem indiferente à realização do interesse público, como bem lembrado por Sergio Ferraz: "Essa operação de desafetação não é puramente discricionária, pois não pode ser imotivada, e nem está indene de controle, inclusive jurisdicional. Entramos aqui no campo apaixonante do âmbito de controle de atividade administrativa, sobretudo através do Poder Judiciário".[164]

---

162. *Dos Bens Públicos...*, p. 105.
163. Idem, p. 106. "A desafetação expressa configura pronunciamento inequívoco da administração pública concretizado em ato administrativo específico, enquanto a desafetação tácita configura, também, uma vontade presente e concordante do Estado, porém não manifesta, que, não só não se opõe, como ainda permite o aparecimento de certas constâncias unívocas que completam a inércia inexpressa do poder público, como quando uma coisa deixa de servir a seu fim de utilidade pública para integrar o rol dos bens do domínio privado da administração" (p. 109). No mesmo sentido Héctor Jorge Escola, *Compendio de Derecho Administrativo*, p. 993, para quem "a desafetação consiste na manifestação de vontade ou nos fatos em razão do qual um bem deixa de estar destinado ao uso público, saindo, em conseqüência, do domínio público, para ingressar no domínio privado do Estado ou dos particulares".
164. Sergio Ferraz em conferência realizada na Procuradoria-Geral do Estado do Rio de Janeiro, publicada na *Revista da PGERJ* 18/9-21, apud Lúcia Valle Figueiredo, *Curso de Direito Administrativo*, p. 566.

Desafetado o bem, eventual alienação deve observar os procedimentos legais, no caso o art. 17 da Lei n. 8.666, de 21.6.1993, que requer a demonstração de interesse público, a prévia avaliação, a licitação e autorização legislativa,[165] quando tratar-se de bem imóvel.

6.2.1.2 Imprescritibilidade – A imprescritibilidade, segunda nota característica do regime jurídico que disciplina os bens de uso comum e uso especial, significa a impossibilidade de aquisição da propriedade desses bens pelos particulares pelo instituto da usucapião.

Miguel S. Marienhoff relata-nos em sua obra que Eduardo García de Enterría, no estudo "Sobre la imprescriptibilidad del dominio público",[166] defende que se corrija ou depure o princípio absoluto que estabelece a imprescritibilidade do domínio público (p. 48). O citado autor exclui da sua proposta os bens integrantes do chamado domínio público "natural", a não ser que haja alteração de fato das circunstâncias físicas que determinavam sua qualidade de domínio público natural (pp.36-38). Eduardo Garcia de Enterría considera que em certas condições, e sobre a base de um prazo largo – sessenta ou mais anos –, deveria ser aceita a possibilidade de o particular adquirir por prescrição bens do domínio público (pp. 40-41, 43-48, 50). O começo da prescrição iniciaria o que ele chama de *desafetação tácita*, que converteria em patrimonial o respectivo bem, desafetação que se produziria pela posse abusiva do particular. Considera que essa desafetação é um efeito precisamente atribuível à mesma posse abusiva do particular, porque esta posse começou por apartar a coisa do seu destino público.

Miguel S. Marienhoff discorda deste posicionamento. Para ele, a perda da propriedade pública pela prescrição aquisitiva depende de modificação legislativa no sentido de derrogar o princípio geral de que não há posse útil sobre bens que estão fora do comércio do direito privado, situação em que indiscutivelmente se encontram os bens que integram o domínio público.[167] Ele sustenta, no entanto, que a impossibilidade de adquirir por prescrição as coisas integrantes do

---

165. A autorização legislativa poderá desafetar o bem de uso comum ou especial e autorizar a alienação.
166. Publicado na *Revista de Administración Pública*, n. 13, Madri, janeiro-abril 1954, *apud* Marienhoff, *Tratado de Derecho Administrativo*, p. 262.
167. Marienhoff, ob. cit., p. 263.

domínio público somente se refere à propriedade das mesmas, não a seu uso, pois o uso é suscetível de ser adquirido por meio jurídico, sempre e quando o direito objetivo o autorize expressamente.[168] No direito brasileiro há declaração expressa na Constituição Federal de que os bens públicos são insuscetíveis de usucapião nos arts. 182, § 3º, e 191, parágrafo único. Por outro lado, o novo Código Civil, no art. 102, assim dispôs: "Os bens públicos não estão sujeitos a usucapião".

6.2.1.3 Impenhorabilidade – A impenhorabilidade do bem decorre do princípio da inalienabilidade e, assim, os bens públicos não podem ser constritos judicialmente para garantir a execução de um título judicial ou extrajudicial. O fundamento da impenhorabilidade também reside na sistemática imposta na Constituição Federal que, ao disciplinar a execução contra a Fazenda Pública, impede os bens públicos de serem levados à praça pública para satisfazer os interesses dos credores.[169]

6.2.1.4 Impossibilidade de oneração – Por derradeiro, o princípio da impossibilidade de oneração dos bens públicos. Por este princípio, nenhum ônus real pode recair sobre bens públicos por faltar ao titular, no caso o Estado e suas autarquias, a livre disponibilidade do bem. Logo, a impossibilidade de onerar os bens públicos é traço marcante dos bens públicos inalienáveis, como os de uso comum e uso especial.[170]

6.2.2 Regime jurídico dos bens dominicais

Os bens dominicais estariam submetidos a regime jurídico diverso do regime jurídico dos bens de uso comum e de uso especial.

---

168. Idem, p. 313.
169. Nesse sentido a lição de Celso Antônio Bandeira de Mello, *Curso de Direito Administrativo*, p. 847, para quem a impenhorabilidade "é uma conseqüência do disposto no art. 100 da Constituição. Com efeito, de acordo com ele, há uma forma específica para satisfação de créditos contra o Poder Público inadimplente (...) os bens públicos não podem ser praceados para que o credor neles se sacie. Assim, bem se vê que também não podem ser gravados com direitos reais de garantia, pois seria inconseqüente qualquer oneração com tal fim".
170. José Cretella Júnior, *Dos Bens Públicos*..., p. 326

A natureza do regime jurídico dos bens dominicais despertou no passado alguma discussão doutrinária. Tratava-se de saber, em síntese, se o regime jurídico dos bens dominicais era o regime do direito civil ou o regime de direito público ou, ainda, o regime de direito civil com desvios ou temperamentos impostos pela situação especial da relação jurídica, que tem num dos pólos uma pessoa jurídica de direito público.

Prevaleceu o entendimento de que os bens dominicais ou do patrimônio disponível do Estado estão submetidos ao regime jurídico do direito comum (civil) com determinadas derrogações impostas em razão do interesse público.

Neste sentido a lição de José Cretella Júnior:

"Uma idéia geral domina qualquer teoria que se pretenda estruturar a respeito do regime jurídico dos bens patrimoniais disponíveis do Estado, a saber, que as regras concernentes à matéria não são, propriamente falando, princípios puros do direito administrativo, mas, antes de tudo, *derrogações* ou *desvios* do direito civil comum, o que se compreende diante das circunstâncias especiais em que encontra o poder público vinculado a altos interesses que se acham em jogo."[171]

"Impõe-se uma resposta, não obstante a opinião em contrário de alguns doutrinadores: o regime jurídico a que se acham sujeitos os bens do patrimônio disponível do Estado é o do direito comum, com determinadas *derrogações* supletivas, quando da ausência de orientação legal implícita, notando-se, porém, que o patrimônio disponível constitui a categoria relativamente à qual menores são os desvios no que diz respeito ao regime jurídico dos bens privados."[172]

Esta, também, a opinião de Maria Sylvia Zanella Di Pietro para quem "o duplo aspecto dos bens dominicais justifica a sua submissão ao regime jurídico de direito privado, parcialmente derrogado pelo direito público".[173]

A possibilidade de alienação dos bens dominiais sem a necessidade de prévia desafetação é uma das diferenças de regime jurídico entre os bens de uso comum e os bens de uso especial e os bens dominiais. Ensina Maria Sylvia Zanella Di Pietro:

171. Idem, p. 84.
172. Idem, p. 85.
173. *Direito Administrativo*, p. 573.

"Os bens dominicais, não estando afetados a finalidade pública específica, podem ser alienados por meio de instituto de direito privado (compra e venda, doação, permuta) ou do direito público (investidura, legitimação de posse e retrocessão).

"Tais bens estão, portanto, no comércio jurídico de direito privado e de direito público."[174]

O regime jurídico a que está submetida a alienação dos bens dominiais não dispensa, no entanto, a observância de outros requisitos legais, como a demonstração do interesse público, a prévia avaliação e a realização de procedimento licitatório. Ainda de acordo com Maria Sylvia Zanella Di Pietro:

"Na esfera federal, os requisitos para alienação constam do artigo 17 da Lei n. 8.666, de 21.6.1993, a qual exige demonstração de interesse público, prévia avaliação, licitação e autorização legislativa, este último requisito somente exigível quando se trate de bem imóvel (...).

"Para os bens imóveis, a forma de licitação a ser adotada é a concorrência (arts. 17, I e 23, § 3º), ressalvada a hipótese prevista no art. 19; ela é, no entanto, dispensável nos casos de dação em pagamento, doação, permitida exclusivamente para outro órgão ou entidade da Administração Pública, de qualquer esfera de governo, permuta por outro imóvel que atenda os requisitos constantes do inciso X do artigo 24 (destinado ao serviço público, cujas necessidades de instalação e localização condicionem sua escolha, desde que o preço seja compatível com o valor de mercado, segundo avaliação prévia) e investidura (art. 17, I), a venda a outro órgão ou entidade da Administração Pública, de qualquer esfera de governo, alienação, concessão de direito real de uso, locação ou permissão de uso de bens imóveis construídos e destinados ou efetivamente utilizados no âmbito de programas habitacionais de interesse social, por órgãos ou entidades da Administração Pública, especificamente criados para esse fim (art. 17, I, com as alterações da Lei n. 8.883).

"A essas hipóteses pode acrescentar-se outras duas, em que a licitação é incompatível com a própria natureza do instituto: a legitimação de posse e a retrocessão.

---

174. Idem, p. 579.

Quando se trata de bens móveis, a autorização legislativa não é necessária e a modalidade de licitação a ser utilizada é o leilão (art. 22, § 5º)."[175]

Por sua vez, a inalienabilidade e imprescritibilidade dos bens dominicais foram explicitadas em nosso ordenamento jurídico pelo Decreto n. 22.785, de 31.5.1933, que no art. 2º estatuiu: "Os bens públicos, seja qual for a sua natureza, não estão sujeitos à usucapião".[176]

De acordo com Pontes de Miranda: "todos os bens públicos (art. 66, I-III) são, hoje, inalienáveis e inusucapíveis. Contra quem alega tê-los adquirido basta que a entidade de direito público alegue e prove ser bem público. Não é preciso que alegue e prove ser de uso comum, porque bens públicos de uso especial e dominicais também são inalienáveis e inusucapíveis".[177]

Antes da edição desta legislação, grassava a controvérsia a respeito da possibilidade de usucapir bens dominicais. Lafayette sustentava que as coisas do domínio do Estado podiam ser adquiridas pela prescrição, isto é, aquelas acerca das quais o Estado era considerado como simples proprietário, no que estava na companhia de autores mais antigos, como Coelho da Rocha, Lacerda de Almeida e Teixeira de Freitas.[178]

175. Idem, pp. 579-580.
176. A discussão a respeito da possibilidade de usucapião de certos bens públicos – mais especificamente os bens públicos dominiais – ocorreu em nosso país em razão da redação do art. 67 do Código Civil de 1916, que prescrevia que "os bens, de que trata o artigo antecedente, só perderão a inalienabilidade, que lhes é peculiar, nos casos e forma, que a lei prescrever".
Interpretando os arts. 66 e 67, foram promulgados os Decretos 19.924, de 27.4.1931 e 22.785, de 31.5.1933, que consideraram os bens públicos, seja qual for a sua natureza, insuscetíveis de usucapião, o que levou Antonio Gonçalves de Oliveira, *apud* José Cretella Júnior, *Dos Bens Públicos*..., p. 323, a escrever em trabalho intitulado "Usucapião de Bens Públicos", publicado na *RDA* 1, que: "depois do Código Civil e das leis interpretativas do governo provisório, a velha proibição legal ficou tão explícita que não se poderá acolher qualquer ação de usucapião de bens públicos, sem ofensa à própria determinação da lei". O novo Código Civil, no art. 102, contém regra similar aos artigos da constituição que proíbem a usucapião de bens públicos. O Supremo Tribunal Federal chegou a editar a Súmula 340 ("Desde a vigência do Código Civil, os bens dominicais, como os demais bens públicos, não podem ser adquiridos por usucapião").
177. *Tratado de Direito Privado*, p. 178.
178. Themistocles Brandão Cavalcanti, ob. cit., p. 342.

A imprescritibilidade dos bens dominicais – ou de certas categorias desses bens – sofreu exceções em determinados períodos. As terras devolutas, definidas como terras vagas, abandonadas, não utilizadas quer pelo Poder Público, quer por particulares, não destinadas a qualquer uso público, nem incorporadas ao domínio privado, espécie de terras públicas integrantes da categoria dos bens dominicais, puderam ser usucapidas nos períodos de vigência da usucapião *pro labore* previsto nas Constituições de 1934, 1937 e 1946, e da usucapião especial previsto na Lei n. 6.969, de 10.12.1971.[179]

Este último diploma legal – a Lei 6.969, de 10.12.1981 –, que tratou da usucapião especial, submeteu aos efeitos da prescrição aquisitiva as terras particulares e as terras devolutas da União, dos Estados e dos Municípios, afastando, com isso, ao menos durante o período de sua vigência, a interpretação dada pelo Supremo Tribunal Federal ao art. 67 do Código Civil de 1916 constante da Súmula 340, pela qual

---

[179]. Maria Sylvia Zanella Di Pietro, *Direito Administrativo*, pp. 611-612. Diz a referida autora:
"As terras devolutas constituem uma das espécies do gênero *terras públicas*, ao lado de tantas outras, como terrenos reservados, terrenos de marinha, terras dos índios, ilhas etc. (...)
"Elas integram a categoria dos *bens dominicais*, precisamente pelo fato de não terem qualquer destinação pública. Isto significa que elas são *disponíveis*.
"Continua válido o conceito residual de terras devolutas como sendo todas as terras existentes no território brasileiro, que não se incorporaram legitimamente ao domínio particular, bem como as já incorporadas ao patrimônio público, porém não afetadas a qualquer uso público.
"A primeira parte do conceito abrange as terras que ainda não foram objeto de processo discriminatório; corresponde ao sentido originário da expressão, ligado ao sentido etimológico de devoluto: vago, sem dono. A segunda parte compreende as terras que já foram incorporadas ao patrimônio público.
"O problema concernente ao conceito de terras devolutas e à sua abrangência é da maior relevância em matéria de usucapião. Ressalvado o período anterior ao Código Civil e alguns períodos em que se admitiu o *usucapião pro labore* (Constituições de 1934, 1937 e 1946) e o *usucapião especial* (Lei n. 6.969, de 10.12.1971), a regra, no direito brasileiro, tem sido a de proibição de usucapião de bens públicos, hoje acolhida, sem exceções de qualquer espécie, na Constituição de 1988 (arts. 183, § 3º e 191, parágrafo único)."
Hely Lopes Meirelles, *Direito Administrativo Brasileiro*, p. 531, define terras devolutas como "todas aquelas que, pertencentes ao domínio público de qualquer das entidades estatais, não se acham utilizadas pelo Poder Público, nem destinadas a fins administrativos específicos. São bens públicos patrimoniais ainda não utilizados pelos respectivos proprietários".

"desde a vigência do Código Civil, os bens dominicais, como os demais bens públicos, não podem ser adquiridos por usucapião".[180]

Atualmente, se nos fixarmos numa interpretação literal do texto constitucional, ante a redação dos arts. 183, § 3º, e 191, parágrafo único, da Constituição Federal, nem as terras devolutas podem ser objeto de usucapião dos bens públicos.

O CC, no art. 102, também estabelece a proibição de usucapião dos bens públicos: "Os bens públicos não estão sujeitos a usucapião".

Renan Lotufo, ao comentar este dispositivo legal, esclarece:

"O anteprojeto do Código Civil, originariamente, referia à possibilidade de usucapião de bens públicos dominicais.

"Dispunha o art. 101 do anteprojeto: 'Os bens públicos, com exceção dos dominicais, não estão sujeitos a usucapião'.

"A câmara dos Deputados, na tramitação do projeto, alterou tal dispositivo, remetendo à lei especial a possibilidade de usucapião de bens públicos, como se vê da redação do art. 102 do Projeto de Lei n. 634-B, de 1975: 'Salvo disposição especial de lei, os bens públicos não estão sujeitos a usucapião'.

"A reação dos publicistas a essa proposta foi muito grande, ainda que esta objetivasse evitar situações semelhantes à do antigo INPS, autarquia federal que, à época, era o maior latifundiário do país.

"Com a Constituição de 1988 tal questão ficou completamente superada, visto que os seus arts. 183, § 3º e 191, parágrafo único, vedaram expressamente a usucapião de bens públicos, urbanos e rurais, respectivamente, rompendo com a tradição anterior, que deixara à legislação ordinária tal estipulação, já que objeto expresso do art. 200 do Decreto-Lei n. 9.760, de 5.9.1946, além da Súmula 340 do Supremo Tribunal Federal.

---

180. Armando Roberto Holanda Leite, *Usucapião Ordinária e Usucapião Especial*, p. 127, afirmou: "a usucapião especial abrange as *terras particulares* e as *terras devolutas da União, dos Estados e dos Municípios*, sem prejuízo de outros direitos conferidos ao possuidor, pelo Estatuto da Terra ou pelas leis que dispõem sobre o processo discriminatório de terras devolutas.

"Em sendo assim, não subsiste mais a interpretação dada pelo Supremo Tribunal Federal ao art. 67 do Código Civil, constante da Súmula 340, pela qual, desde a vigência do Código Civil, os bens dominicais, como os demais bens públicos não podem ser adquiridos por usucapião."

"O presente artigo acabou integrando o campo da legislação ordinária, como se o legislador temesse por disposições em sentido contrário, olvidando-se ao impedimento de ordem constitucional."[181]

Também se discutiu se os bens dominicais podiam ser penhorados e onerados com a instituição de direitos reais de garantia. Seabra Fagundes admitia a penhora e a oneração de bens dominicais, conforme lição citada por José Cretella Júnior:

"Por exceção ainda, os bens dominicais, facultativamente alienáveis, podem originar a execução coativa, nos casos em que o Estado seja condenado como devedor de crédito, com garantia real, pignoratícia ou hipotecária. Concordando o Estado em firmar penhor ou hipoteca, em benefício de credor seu, abre mão, ao fazê-lo, da inalienabilidade reconhecida aos seus bens.

"Tal renúncia à inalienabilidade dos bens públicos só é possível, entretanto, quanto aos dominicais, que admitem serem gravados de ônus real pelo traço facultativo de sua alienabilidade, enquanto que os dois outros grupos permanecem intangíveis, ingraváveis, mercê do traço marcante da inalienabilidade absoluta, que os caracteriza."[182]

Hely Lopes Meirelles adotava posicionamento diverso. Para ele, "desde que a Constituição da República retirou a possibilidade de penhora de bens da Fazenda Pública federal, estadual e municipal, retirou, também, a possibilidade de oneração de tais bens, uma vez que a execução de toda garantia real principia pela penhora, na ação executiva correspondente, para a subseqüente satisfação da dívida, mediante praceamento ou adjudicação do bem dado em garantia".[183]

---

181. *Código Civil Comentado*, pp. 258-259.
182. *Dos Bens Públicos...*, p. 325.
183. *Direito Administrativo Brasileiro*, p. 525. Maria Sylvia Zanella Di Pietro, *Direito Administrativo*, p. 575, concorda com o posicionamento de Hely Lopes Meirelles já que, para ela, "diante, porém de direito positivo brasileiro, essa tese (a de oneração voluntária dos bens) não é defensável, pois o processo de execução contra a Fazenda Pública obedece a normas próprias estabelecidas no art. 100 da Constituição Federal (repetidas nos arts. 730 e 731 do CPC) e que excluem qualquer possibilidade de penhora de bem público, seja qual for a sua modalidade. Não poderia a Fazenda Pública, nem mesmo com autorização legislativa, abrir mão da impenhorabilidade com que a própria Constituição quis proteger os bens públicos de qualquer natureza".

7. Conclusões do capítulo

A classificação tripartite de bens acolhida pelo Código Civil, sob o aspecto doutrinário e enfoque sistemático, permite a distinção do domínio público em domínio público do Estado e domínio privado do Estado. O domínio público do Estado abrangeria os bens de uso comum do povo e os bens de uso especial, enquanto o domínio privado do Estado abrangeria os bens dominicais.[184]

Trata-se, como visto, de uma divisão diversa da existente em outros países, que distinguem entre domínio público do Estado e domínio privado do Estado, mas alocam no primeiro tão-somente os bens de uso comum e, no segundo, os bens de uso especial e os bens dominicais, embora, com relação ao domínio privado, diferenciem entre o domínio privado indisponível, composto de bens de uso especial, e o domínio privado disponível, composto de bens dominicais.

A sistematização acolhida no ordenamento jurídico brasileiro não levou, no entanto, a uma profunda diversidade de regime entre os bens públicos. É voz corrente que os bens públicos, de qualquer espécie, são, via de regra, inalienáveis, imprescritíveis e impenhoráveis. A diferença que há, de um lado, entre os bens de uso comum do povo e os bens de uso especial e, do outro lado, os bens dominicais, repousa na necessidade de prévia desafetação dos dois primeiros tipos de bens no caso de alienação, dispensada no último, porque os bens dominicais, justamente, não estão previamente ordenados ao atendimento de um fim público.

É importante que se diga, no entanto, que qualquer espécie de bem está submetida aos preceitos da Constituição. Assim, os bens do Estado, consagrados ao uso comum, ao uso especial ou a nenhuma modalidade de uso, devem atender aos objetivos fundamentais da República, entre eles, o da construção de uma sociedade justa, fraterna e solidária, o que obriga o Estado – e não apenas os particula-

---

184. Maria Sylvia Zanella Di Pietro, *Direito Administrativo*, p. 565: "Pelos termos do artigo 99, já se nota um ponto comum – destinação pública – nas duas primeiras modalidades (bens de uso comum do povo e bens de uso especial), e que as diferencia da terceira, sem destinação pública. Por essa razão, sob o aspecto jurídico, pode-se dizer que há duas modalidades de bens públicos: 1. os do domínio público do Estado, abrangendo os de uso comum do povo e os de uso especial; 2. os do domínio privado do Estado, abrangendo os bens dominicais".

res – a observar o princípio constitucional da função social da propriedade.

Assim, na perspectiva de aplicação do princípio da função social da propriedade também aos bens públicos, a antiga distinção entre bens de uso comum, bens de uso especial e bens dominicais ganha importância.

Capítulo II
FUNÇÃO SOCIAL DA PROPRIEDADE

1. Considerações gerais. 2. Função social da propriedade: 2.1 Função social da propriedade no novo Código Civil; 2.2 Função social da propriedade urbana: 2.2.1 Do parcelamento, edificação ou utilização compulsórios; 2.2.2 IPTU progressivo; 2.2.3 Desapropriação-sanção; 2.2.4 Da usucapião especial de bem imóvel urbano; 2.2.5 Usucapião coletiva; 2.2.6 Da concessão de direito real de uso; 2.2.7 Da concessão de uso especial para fins de moradia; 2.2.8 Direito de superfície; 2.3 Função social da propriedade rural: 2.3.1 Usucapião constitucional. 3. Conclusões do capítulo.

1. Considerações gerais

A propriedade pública é distinta da propriedade privada, embora tenham pontos em comum.[1]

1. A distinção entre propriedade pública e propriedade privada está calcada na diferença dos regimes jurídicos que disciplinam uma ou outra propriedade e não no ramo do direito a que pertençam, pois, a esse respeito, a doutrina diverge quanto ao ramo a que pertence o direito de propriedade. A maioria o encarta no direito privado, enquanto uma minoria de autores, entre eles, Oswaldo Aranha Bandeira de Mello e Celso Antônio Bandeira de Mello, o encartam no direito público. De acordo com Celso Antônio Bandeira de Mello, em "Novos aspectos da função social da propriedade no Direito Público", *Revista de Direito Público* 84/39, "o direito de propriedade – ou seja, o reconhecimento que a organização jurídica da Sociedade (Estado) dispensa aos poderes de alguém sobre coisas – encarta-se, ao nosso ver, no Direito Público e não no Direito Privado. É evidente que tal Direito comporta relações tanto de Direito Público quanto de Direito Privado. Entretanto, o direito de propriedade, como aliás sempre sustentou o prof. Oswaldo Aranha Bandeira de Mello é, essencialmente, um direito configurado no Direito Púbico e – desde logo – no Direito Constitucional.

"Com efeito, basta ver que, dependendo do tratamento que for dispensado ao direito de propriedade, um Estado será socialista ou capitalista, com todas as impli-

A divergência manifesta-se em dois pontos.

O primeiro, no conteúdo excludente da propriedade privada em contraposição ao conteúdo includente da propriedade pública. Com efeito, a nota característica da propriedade privada é a possibilidade de o titular do direito de propriedade excluir qualquer outra pessoa da posição de desfrutar do bem, salvo se autorizada por ele. Daí afirmar-se ter, o direito de propriedade, eficácia contra todos ou *erga omnes*, isto é, todos os demais devem respeitar o direito daquele que se apresenta como proprietário de usar, fruir e dispor da coisa. Em outras palavras, o direito de propriedade privado assegura ao titular uma exclusividade na exploração econômica do bem objeto do direito de propriedade.

O art. 524 do Código Civil de 1916, e agora o art. 1228 do novo Código Civil, definem a propriedade como "o direito de usar, gozar e dispor da coisa e de reivindicá-la". É a orientação de autores clássicos que descreviam o conteúdo do direito de propriedade com os poderes de usar (*ius utendi*), gozar (*ius fruendi*), abusar (*abutendi*), possuir (*possidendi*), dispor (*disponendi*) e vindicar (*vindicandi*).

O direito de usar da coisa (*ius utendi*) é o direito de retirar dela todas as utilidades sem provocar alterações em sua substância.

O direito de gozar (*ius fruendi*) é o direito de perceber frutos naturais e civis da coisa.

O direito de dispor da coisa (*ius disponendi*) permite ao proprietário alienar a coisa a título oneroso (venda) ou gratuito (doação) ou instituir ônus sobre ela, como o penhor e a hipoteca. A faculdade de dispor é que caracteriza efetivamente o direito de propriedade, na medida em que ela deve permanecer com o proprietário, enquanto a faculdade de usar e a faculdade de gozar podem ser atribuídas a quem não é proprietário.

O direito de abusar (*ius abutendi*) permite ao proprietário, às vezes, destruir a coisa ou transformá-la em outra. É a isto que os anti-

cações jurídicas daí decorrentes. Trata-se, portanto, de um direito nodular à caracterização político-social do Estado e, por isso, de todo o quadro jurídico da sociedade; logo um Direito Público, por excelência.

"De resto, ao falar-se em função social da propriedade está-se, *ipso facto*, fazendo referência à caracterização que o Direito Público lhe irroga. É o Direito Constitucional quem outorga esta fisionomia à propriedade."

gos chamavam de abuso, palavra que indicava o consumo da coisa, e não como a entendemos hoje, no sentido de ato contrário ao direito.[2]

Por último, reivindicar (*rei vindicatio*) é o poder atribuído ao proprietário de mover ação para obter o bem de quem o possua ou o detenha injustamente. Vindicar é tirar o que é nosso da mão de quem injustamente o possui. Neste sentido, temos a *rei* (*res*, coisa) *vindicatio*.

A palavra injustamente, aqui, foi utilizada no sentido genérico e significa a posse que agride o direito do proprietário.

O conteúdo excludente da propriedade privada não se repete na propriedade pública. A propriedade pública apresenta conteúdo inclusivo, pois o fato de tratar-se de bem público (*res publica*) impede, como regra, o uso exclusivo, e o torna bem compartilhado ou compartilhável.

Como visto anteriormente, os bens públicos são, na sua maioria, destinados ao uso comum do povo e ao uso especial. Assim, apenas os bens dominicais podem, em tese, ser utilizados exclusivamente pelo ente público, muito embora o fato de serem bens públicos basta para impedir o uso egoístico.

O segundo ponto de divergência encontra-se na livre disposição da propriedade privada em contraposição ao fato de a disposição da propriedade pública não ser livre, mas sempre vinculada a uma finalidade pública.

A propriedade privada contempla a livre disponibilidade do bem pelo proprietário, que o pode alienar a título gratuito ou oneroso, ou fazer recair sobre ele o ônus que preferir. O mesmo não ocorre com a propriedade pública. A disponibilidade do bem só é possível se alcançar interesse público predisposto na norma jurídica, como prevê o art. 17 da Lei n. 8.666 ao estatuir que a "alienação de bens da Administração Pública, subordinada à existência de interesse público devidamente justificado, será precedida de avaliação (...)".

---

2. Miguel Maria de Serpa Lopes, *Curso de Direito Civil*, p. 325. Washington de Barros Monteiro, *Direito das Coisas*, p. 91: "O *jus abutendi* corresponde ao *abusus* dos romanos, mas não se imagine que esse *abusus* tivesse sentido anti-social, comparável ao ato ilícito. Ao contrário, entre os romanos, o exercício do direito de propriedade era subordinado às exigências do bem comum. A palavra não era empregada no sentido vulgar, mas traduzia o poder de alienar, o poder de consumir, em suma, a idéia de disposição".

Em comum, propriedade pública e propriedade privada têm o ônus de cumprir a função social.

2. Função social da propriedade

A função social da propriedade é tema presente no pensamento social da Igreja Católica Apostólica Romana, que enxerga a propriedade como um direito subordinado à realização do bem comum. Na lição de Maria Sylvia Zanella Di Pietro, as Encíclicas *Mater et Magistra* do Papa João XXIII, de 1961, e *Populorum Progressio*, do Papa Paulo VI, de 1967, associam a propriedade à função de servir de instrumento para criação de bens necessários à subsistência de toda a humanidade.[3]

No âmbito jurídico, Léon Duguit, em 1912, sustentou, na obra que reuniu seis conferências por ele proferidas na Faculdade de Direito de Buenos Aires, a idéia de função social da propriedade ao dizer: "Tout individu a l'obligation d'accomplir dans la société une certaine fonction en raison directe de la place qu'il y occupe. Or, le détenteur de la richesse, peut accomplir une certaine besogne que lui seul peut accomplir. Seul il peut augmenter la richesse générale, assurer la satisfaction de besoins généraux en faisant valoir le capital qu'il détient. Il est donc obligé socialement d'accomplir cette besogne e il ne sera protégé socialement que s'il l'accomplit et dans la mesure où il l`accomplit. La propriété n'est plus le droit subjectif du propriétaire; elle est la fonction sociale du détenteur de la richesse".[4]

Duguit é um crítico da idéia de considerar a propriedade um direito subjetivo anterior à própria constituição do Estado. Para ele, a noção de direito subjetivo, acolhida pela Declaração de 1789, é uma noção metafísica. A posição do indivíduo na sociedade não adquire sentido pela idéia de direito subjetivo e, sim, pela idéia de função social. O ponto de partida da concepção revolucionária acerca do direito subjetivo e do direito de propriedade é insustentável, pois parte do homem natural, isolado, independente, que tem, em sua qua-

3. *Direito Administrativo*, pp. 122-123.
4. *Les Transformations Générales du Droit Privé depuis le Code Napoléon*, p. 158.

FUNÇÃO SOCIAL DA PROPRIEDADE   71

lidade de homem, direitos anteriores à sociedade, e que aporta estes direitos à sociedade.⁵ Duguit prega sua idéia de função social: o homem não tem direitos. A coletividade tampouco. Porém, todo indivíduo tem na sociedade uma certa função a cumprir, uma certa tarefa a executar. Este é precisamente o fundamento da regra de direito que se impõe a todos. Em relação à propriedade, a função assinalada é dupla: de um lado, o proprietário tem o dever e o poder de empregar a coisa que possui na satisfação das necessidades individuais e especialmente nas suas próprias, de empregar a coisa no desenvolvimento de sua atividade física, intelectual e moral. De outro lado, o proprietário tem o dever e, por conseguinte, o poder de empregar a sua coisa na satisfação de necessidades comuns, de uma coletividade nacional inteira ou de coletividades secundárias.⁶

A crítica que pode feita ao pensamento de Léon Duguit reside na premissa do raciocínio por ele desenvolvido de não ser a propriedade um direito, mas uma riqueza passível de proteção pelo direito objetivo violado por terceiros, quando, na verdade, não se duvida que a propriedade constitua um direito subjetivo. Não obstante o equívoco da premissa, a lição de Duguit contribuiu para que Constituições posteriores incluíssem em seus textos a função social da propriedade.

A função social da propriedade pode ser concebida como um poder-dever ou um dever-poder do proprietário de exercer o seu direito de propriedade sobre o bem em conformidade com o fim ou interesse coletivo.

Para Pedro Escribano Collado, a função social constitui um princípio ordenador da propriedade privada que, como tal, se insere no ordenamento constitucional com eficácia imediata para o legislador. A admissão de tal princípio implica para o direito de propriedade duas

---

5. Pedro Escribano Collado, *La Propiedad Privada Urbana*, p. 100.
6. Idem, p. 101: "Le propriétaire a le devoir et partant le pouvoir d'employer la chose qu'il détient à la satisfaction de besoins individuels, et particulièrement des siens propres, d'employer la chose au développement de son activité physique, intellectuelle et morale. Qu'on n'oublie pas en effet que l'intensité de la division du travail social est en raison directe de l'intensité de l'activité individuelle. Le propriétaire a le devoir et partant le pouvoir d'employer as chose à la satisfaction de besoins communs, des besoins d'une collectivité nationale tout entière ou de collectivités secondaires".

conseqüências imediatas. A primeira, que o princípio da função social não é uma mera fórmula verbal indicadora de um complexo de obrigações impostas ao proprietário por diversas disposições legais. Tais obrigações podem encontrar seu fundamento em títulos distintos de intervenção na ordem econômica ou na atividade de polícia da Administração Pública. A segunda conseqüência consiste em que, transformado o fundamento da atribuição do direito, o princípio vai incidir plenamente sobre o conteúdo do direito, incitando o legislador a determiná-lo em função dos interesses sociais tomados em consideração, e, assim, as faculdades, os poderes, os vínculos e as obrigações mudarão em cada caso. Estas duas conseqüências delimitam o papel operativo do princípio da função social. Por uma parte, distinguindo-o da atividade administrativa de polícia e, por outra, determinando o seu verdadeiro alcance como princípio ordenador: normativo e interpretativo.[7]

Como princípio normativo o princípio da função social afeta o mecanismo de atribuição do direito de propriedade e o regime de exercício. A atribuição do direito de propriedade não se efetua de modo incondicionado, mas submetida ao cumprimento, por parte do proprietário, da orientação social que contém. A função social implica que se reconheça ao direito de propriedade a ausência de determinadas faculdades, o exercício condicionado de outras e o dever de exercitar algumas livremente ou de acordo com determinados critérios.

O princípio da função social possui uma clara função normativa para o direito de propriedade, quando se oferece como manifestação do princípio da solidariedade, inspirador das relações entre indivíduo e sociedade em uma comunidade política, e quando o poder constituinte atribui ao legislador a missão de desenvolvê-lo através das distintas formas típicas que apresenta a propriedade em nossos dias. Esta função normativa se desenvolve tanto no momento da atribuição do direito, fazendo do direito de propriedade um direito subjetivo causal, como no exercício do mesmo, cujo conteúdo haverá de responder sempre à causa que motivou o seu reconhecimento.[8]

O princípio da função social presta-se, também, a atuar como critério interpretativo. A função social oferece um critério de interpreta-

7. Pedro Escribano Collado, ob. cit., p. 123.
8. Idem, p. 133.

ção válido para todas as normas, gerais e especiais, que fazem referência ao direito de propriedade em seus vários aspectos e momentos.[9]

Não se pode, portanto, conceber a função social como algo externo ao conceito jurídico de propriedade, pois, na verdade, a função social integra a estrutura do conceito jurídico de propriedade.

Esta é a lição de Francisco Eduardo Loureiro: "(...) a função social não pode ser encarada como algo exterior à propriedade, mas sim como elemento integrante de sua própria estrutura. Os limites legais são intrínsecos à propriedade. Fala-se não mais em atividade limitativa, mas sim conformativa do legislador. São, em última análise, características do próprio direito e de seu exercício, que, de tão realçadas, compõem o próprio conteúdo da relação. Como resume Pietro Perlingieri, 'a função social não deve ser entendida em oposição, ou ódio, à propriedade, mas à própria razão pela qual o direito de propriedade foi atribuído a determinado sujeito'".[10]

Como anota o autor acima citado, a discussão sobre a natureza interna ou externa da função social produz efeitos relevantes, notadamente na possibilidade de restrições e limitações deverem ser impostas por lei ou poderem derivar de ato administrativo: "Ressalte-se, aqui, que discussão sobre a natureza da função social – interna ou externa à relação jurídica – não é neutra e produz efeitos relevantes. Para aqueles que vêem a propriedade ainda como direito subjetivo e a função social como uma limitação externa, aplica-se o princípio da legalidade. As restrições e limitações devem sempre ser impostas por lei. Ao invés, para aqueles que enxergam a propriedade como relação jurídica complexa, carregada de direitos e deveres, as chamadas restrições e especialmente a função social constituem o próprio conteúdo do instituto, podendo, pois, derivar da natureza das coisas ou de ato administrativo".[11]

Não há, também, qualquer incompatibilidade entre o dever do proprietário de atender ao bem estar e o direito de usar, fruir e dispor dos bens, pois a função social apenas condiciona o exercício dos direitos inerentes à relação jurídica de propriedade.[12] Não há porque

9. Idem, p. 136.
10. *A Propriedade como Relação Jurídica Complexa*, p. 94.
11. Idem, p. 95.
12. Idem, ibidem.

confundir função social da propriedade com limites ou restrições,[13] pois a função social, fator determinante do agir do proprietário, serve como fonte de estímulos e sanções, ou como meio de impor deveres positivos, pelo fato de ser proprietário, em relação a outros sujeitos determinados, ou perante a coletividade.

De acordo com Francisco Eduardo Loureiro: "Há sério desvio de perspectiva daqueles que confundem função social da propriedade com simples limitações ou restrições. Basta lembrar que a mesma figura da função social serve para proteger com incentivos a pequena e média empresa. Serve para subsidiar a instalação de indústrias em determinadas regiões do país. Serve para isentar do pagamento de tributos propriedades de valor histórico, preservadas ou tombadas. Serve para a concessão de crédito em condições privilegiadas para a aquisição da casa própria ou para a instalação de indústrias geradoras de empregos. Serve para impedir a penhora sobre imóveis residenciais e suas pertenças. Em suma, fácil perceber que a função social pode servir de incremento e de incentivo a diversas formas proprietárias, ou de estímulo a determinadas condutas socialmente relevantes".[14]

Nesse sentido, também, a lição de José Afonso da Silva: "(...) ao estabelecer expressamente a regra da função social da propriedade, como um princípio da ordem econômica, vale dizer da constituição econômica brasileira, com o fim de realizar o desenvolvimento nacional e a justiça social, a Constituição Federal não estava simplesmente preordenando fundamentos a limitações, obrigações e ônus da propriedade privada. Estes são externos ao direito de propriedade pelo que interferem tão-só com o exercício desse direito e que, em grande parte, senão sempre, se explicam pela simples atuação do poder de polícia (...).

"O princípio da função social da propriedade é muito mais do que isso. Transforma a propriedade capitalista, sem socializá-la. Não interfere apenas com o exercício do direito de propriedade, âmbito das limitações, porque a condiciona como um todo, possibilitando ao legislador entender com os modos de sua aquisição em geral ou com certos tipos de propriedade, com seu uso, gozo e disposição."[15]

---

13. O direito de propriedade sofre restrições. Estas restrições decorrem da Constituição, das leis, dos princípios gerais de direito e da vontade da parte.
14. *A Propriedade...*, p. 97.
15. *Direito Urbanístico Brasileiro*, p. 95.

Fabio Konder Comparato sustenta, outrossim, a distinção entre o conceito de função social e o sistema de limitações ao direito de propriedade. Para o referido jurista, "Quando se fala em função social da propriedade não se indicam as restrições ao uso e gozo dos bens próprios. Estas últimas são limites negativos aos direitos do proprietário. Mas a noção de função, no sentido em que é empregado o termo nesta matéria, significa um poder, mais especificamente, o poder de dar ao objeto da propriedade destino determinado, de vinculá-lo a certo objetivo. O adjetivo social mostra que esse objetivo corresponde ao interesse coletivo e não ao interesse próprio do *dominus*, o que não significa que não possa haver harmonização entre um e outro. Mas, de qualquer modo, se se está diante de um interesse coletivo, essa função social da propriedade corresponde a um poder-dever do proprietário, sancionável pela ordem jurídica".[16]

Quem também apresentou valoroso trabalho a respeito da função social da propriedade, ainda que à luz da Constituição Federal de 1969, foi Celso Antônio Bandeira de Mello. No trabalho intitulado "Novos aspectos da função social da propriedade", o referido autor afasta a idéia de que a propriedade seja uma função social, isto é, bem protegido tão-só na medida em que realiza a função social, pois isso levaria à conclusão de que propriedades não cumpridoras de função social estariam desprotegidas à luz do ordenamento jurídico, o que não corresponde à realidade, já que, como regra, existe proteção também para a propriedade que desatenda a função social. Diz o referido autor:

"Estamos em crer, que ao lume do direito positivo constitucional, a propriedade ainda está claramente configurada como um direito que deve cumprir uma função social e não como sendo pura e simplesmente uma função social, isto é, bem protegido tão só na medida em que a realiza.

"Deveras, a entender-se que o protegido é a propriedade função-social, ter-se-ia, conseqüentemente, que concluir ausente a proteção jurídica a ou às propriedades que não estivessem cumprindo função social. Estas, pois, deveriam ser suscetíveis de serem perdidas, sem qualquer indenização, toda e cada vez que fosse demonstrável seu desajuste à função social que deveriam preencher.

---

16. "Função social da propriedade dos bens de produção", *Revista de Direito Mercantil* 63/75.

"(...) *Ergo*, existe proteção também para a propriedade que contrarie a função social, conquanto tal projeção seja menos completa, pois, neste caso, a indenização devida não se apura segundo um 'justo' perquirível ao lume do valor efetivo do imóvel, mas segundo os critérios que a lei estabelecer e far-se-á 'em títulos especiais da dívida pública, resgatáveis no prazo de vinte anos, em parcelas anuais e sucessivas (...)' tudo como dispõe o referido art. 161."[17]

O direito de propriedade, prossegue Celso Antônio Bandeira de Mello, deve no entanto cumprir uma função social, que pode ser compreendida em duas acepções.

Uma, no sentido que a propriedade deve cumprir um destino economicamente útil, produtivo, de modo a satisfazer as necessidades sociais preenchíveis pela espécie tipológica do bem, o que requer que o bem seja posto em aptidão para produzir sua utilidade específica, ou, ao menos, que o seu uso não ocorra em desacordo com a utilidade social.[18]

Afirma o citado autor: "Função social da propriedade é tomada como necessidade de que o uso da propriedade responda a uma plena utilização, otimizando-se ou tendendo-se a otimizar os recursos disponíveis em mãos dos proprietários ou, então, impondo-se que as propriedades em geral não possam ser usadas, gozadas e suscetíveis de disposição, em contradita com estes mesmos propósitos de proveito coletivo".[19]

Mesmo esta perspectiva vinculada tão-somente ao destino produtivo do bem, segundo o citado autor, já permitiria adotar uma "série de providências aptas a conformar a propriedade ao proveito coletivo, como a instituição de onerosa e progressiva tributação sobre imóveis rurais e urbanos ociosos ou insatisfatoriamente utilizados, a proteção legal a posse produtivas sobre prédios rústicos inaproveitados por seus titulares ou sobre terrenos urbanos estocados para valorização e não edificados".[20]

A outra acepção retratada pelo citado autor procura atribuir à expressão "função social" conteúdo vinculado a objetivos de Justiça

17. "Novos aspectos da função social da propriedade", in *Revista de Direito Público* 84/41.
18. Idem, p. 43.
19. Idem, ibidem.
20. Idem, p. 44.

Social ou, melhor dizendo, comprometido com a realização de uma sociedade mais justa e igualitária, sendo possível a adoção de medidas normativas que tomassem como rumo estes objetivos.[21]

Para Celso Antônio Bandeira de Mello, parece fora de dúvida que a expressão "função social da propriedade" comporta não apenas o primeiro sentido, mas também esta segunda acepção.

Para ele, "se alguma hesitação pudesse existir quanto a isto, bastaria uma simples inspeção visual no art. 160 da Carta do País – tantas vezes referido – para verificar-se que nele está explicitamente afirmado ser finalidade da ordem econômica e social realizar o desenvolvimento nacional e a justiça social. Ora bem, uma vez que estas finalidades hão de ser realizadas com base, entre outros princípios, no da 'função social da propriedade' (item III), é óbvio que esta foi concebida tomando em conta objetivos de justiça social".[22]

A função social da propriedade ganha projeção nos textos constitucionais a partir da Constituição Federal de 1934 que, no art. 113, § 17, no título destinado à Ordem Econômica e Social, garantia o direito de propriedade, mas vedava o seu exercício contra o interesse social ou coletivo, na forma que a lei determinar.

A Constituição de 1937 silenciou a respeito, assegurando o direito de propriedade, salvo a desapropriação por necessidade ou utilidade pública, mediante indenização prévia no art. 122.

A Constituição Federal de 1946, no art. 147, condicionou o uso da propriedade ao bem-estar social.[23]

Coube, no entanto, à Constituição Federal de 1967 estatuir de modo expresso a função social da propriedade, embora como princípio expresso da ordem econômica no art. 157, III, o que foi mantido na Emenda n. 1 de 1969, no art. 160, III.

21. Idem, ibidem.
22. Idem, ibidem.
23. Para Celso Antônio Bandeira de Mello, "Novos aspectos...", p. 40: "sem dúvida alguma, este preceptivo é um marco jurídico. Com efeito, não apenas se prevê a desapropriação por interesse social, mas se aponta, no aludido art. 147, para um rumo social da propriedade, ao ser prefigurada legislação que lhe assegure justa distribuição, buscando mais que a tradicional igualdade perante a lei, igualdade perante a oportunidade de acesso à propriedade".

Na Constituição Federal de 1988, a função social da propriedade recebeu expressa designação nos arts. 5º, XXIII, 170, III, 182, § 2º e 186.[24]

A função social da propriedade apresenta-se como idéia valor da propriedade a fixar-lhe o conteúdo e a dirigir-lhe o exercício sempre a um fim social. A concretização dessa idéia valor pode ser feita de vários modos e encontra-se presente em diversos institutos jurídicos.[25]

2.1 Função social da propriedade no novo Código Civil

No âmbito estritamente privado, a função social da propriedade prevista no texto constitucional foi acolhida no § 1º, do art. 1.228, do novo Código Civil, que condiciona o exercício do direito de propriedade com as suas finalidades econômicas e sociais, e de modo que sejam preservados, de conformidade com o estabelecido em lei especial, a flora, a fauna, as belezas naturais, o equilíbrio ecológico e o patrimônio histórico e artístico, bem como evitada a poluição do ar e das águas.

Maria Helena Diniz, ao comentar o referido parágrafo, afirma que há limitação ao direito de propriedade com o propósito de inibir uso abusivo que acabe causando prejuízos ao bem-estar social. Ensina a referida autora: "Há limitação ao direito de propriedade com o escopo de coibir abusos e impedir que seja exercido, acarretando prejuízo ao bem-estar social. Com isso se possibilita o desempenho da

---

24. Para Uadi Lammêgo Bulos, *Constituição Federal Anotada*, p. 191, os citados dispositivos "devem sem interpretados de modo sistemático e, por isso, podem ser compreendidos como realidades conexas, indissociáveis, complementares. Numa palavra, a função social da propriedade, conforme a Constituição de 1988, traduz-se pela investigação do sentido, significado e alcance do conjunto de todos os dispositivos que tratam da matéria. Tais preceitos constitucionais mantêm estreito vínculo de reciprocidade.

"Esse conjunto de normas sobre a propriedade comprova que ela não mais consigna simples direito individual. Se viesse prevista apenas como instituição econômica (art. 170, III) já seria o bastante. É o caso das Constituições da Itália (art. 42) e de Portugal (art. 62), que enquadram a propriedade no bojo das relações econômicas. Mas o constituinte de 1988 procurou reforçá-la em várias partes do texto, no intuito de não mais vê-la como instituição específica do direito privado, e sim voltada para assegurar a todos existência digna, conforme os ditames da justiça social."
25. Estes institutos serão revisitados no capítulo III, por ocasião do tema da função social dos bens públicos.

função econômico-social da propriedade, preconizada constitucionalmente, criando condições para que ela seja economicamente útil e produtiva, atendendo o desenvolvimento econômico e os reclamos de justiça social. O direito de propriedade deve, ao ser exercido, conjugar os interesses do proprietário, da sociedade e do Estado, afastando o individualismo e o uso abusivo do domínio. Dever-se-á, então, preservar, observando-se normas especiais, a flora, a fauna, as belezas naturais, o equilíbrio ecológico, o patrimônio histórico e artístico e evitar quaisquer tipos de poluição".[26]

Contudo, o legislador, no art. 1.228, não conseguiu livrar-se do ranço de definir a propriedade a partir das faculdades reconhecidas ao proprietário, entre elas, a de usar, gozar e dispor da coisa (CC, art. 1.228), quando, na verdade, o que importa é o fato de o exercício da propriedade ter que se revelar útil e proveitoso não apenas para quem é o titular do direito, mas também para a coletividade.[27]

Houve, no entanto, consideráveis avanços. O maior deles, a nosso ver, reside na dignidade conferida ao instituto da posse, até aqui concebida como um direito real de menor expressão, se comparado com a propriedade, mas que pela função social ganha posição de destaque como se vê na usucapião *pro labore* (CC, art. 1.240) e na desapropriação *pro labore* (CC, art. 1.228, § 4º).

A desapropriação *pro labore*, prevista no art. 1.228, § 4º, é admitida como meio de defesa inibidor do efeito reivindicatório do direito de propriedade quando o imóvel reivindicado consistir em extensa área e estiver na posse ininterrupta e de boa-fé, por mais de cinco anos, de considerável número de pessoas, e estas nela houverem realizado, em conjunto ou separadamente, obras e serviços considerados pelo juiz de interesse social e econômico relevante.

26. Maria Helena Diniz, *Código Civil Anotado*, p. 785.
27. De acordo com Marina Mariani de Macedo Rabahie, "A função social da propriedade", in Adilson Abreu Dallari e Lúcia Valle Figueiredo (Coords.), *Temas de Direito Urbanístico 2*, p. 229, o princípio da função social qualifica o direito subjetivo de propriedade, nele inserindo um dever-poder sem, contudo, aniquilá-lo. Na verdade, com base na lição de Eros Roberto Grau, a citada autora julga que "não é o bem apropriável que tem uma função (pois a função só tem sentido e valor na medida em que for exercitada) e sim o proprietário a quem incumbe, por imperativo constitucional, exercitar os poderes inerentes ao seu direito, de modo condicionado ao interesse comum".

Neste caso, o autor da ação reivindicatória poderá perder para os réus a sua propriedade mediante justa indenização a ser fixada pelo magistrado (art. 1.228, § 5º).

Cuida-se de modalidade de desapropriação judicial que pode funcionar como instrumento de pacificação de conflitos sociais em torno da disputa da propriedade, principalmente nas áreas rurais, já que o Código Civil não distingue se o imóvel está localizado em área urbana ou rural, ao permitir aos posseiros que adquiram a propriedade do imóvel em litígio, mesmo contra a vontade do proprietário, mediante, no entanto, o pagamento de justa indenização por parte dos réus. Nesse sentido, o Enunciado 84 do Centro de Estudos Judiciários do Conselho da Justiça Federal aprovado na Jornada de Direito Civil, realizada em setembro de 2002: "A defesa fundada no direito de aquisição com base no interesse social (art. 1.228, §§ 4º e 5º, do novo Código Civil) deve ser argüida pelos réus da ação reivindicatória, eles próprios responsáveis pelo pagamento da indenização".

Para tanto, como dito, há necessidade de que os réus estejam de boa-fé, isto é, que a posse não seja clandestina, violenta, nem precária, e que a posse seja mansa, pacífica, ininterrupta por mais de cinco anos e que no imóvel os réus tenham introduzido acessões e benfeitorias consideradas de relevante interesse social e econômico.

Nas áreas urbanas, a utilidade do referido instituto será de menor importância em razão da introdução, pelo Estatuto da Cidade, da modalidade de usucapião urbana coletiva, não prevista no Código Civil, que apresenta parcial coincidência com o instituto da desapropriação judicial *pro labore*, tornando-a um instituto menos atraente, por depender do pagamento de indenização, enquanto a usucapião urbana coletiva dispensa o pagamento de qualquer indenização para a aquisição da propriedade.

No entanto, resta a controvertida possibilidade de a desapropriação *pro labore* ser invocada contra o Poder Público por parte passiva em ação reivindicatória promovida por este. A possibilidade de a desapropriação acima mencionada recair sobre bens públicos foi rejeitada pelo Enunciado 83 do Centro de Estudos Judiciários do Conselho da Justiça Federal: "Nas ações reivindicatórias propostas pelo Poder Público, não são aplicáveis as disposições constantes dos §§ 4º e 5º do art. 1.228 do novo Código Civil".

A usucapião na nova disciplina imprimida pelo Código Civil foi marcada por traços da função social imposta à propriedade.

O primeiro dos traços foi a valorização da posse sobre a propriedade, ocorrida por intermédio da:

a) redução geral dos prazos para usucapião em comparação com os prazos previstos no Código Civil de 1916, que não imprimia à propriedade uma função social. Neste aspecto, o prazo geral da usucapião extraordinária foi reduzido de vinte (20) anos para quinze (15) anos (CC, art. 1.238) e o prazo geral da usucapião ordinária foi estabelecido em dez (10) anos e não mais em dez (10) ou 15 (quinze) anos em razão da presença ou ausência das partes (CC, art. 1.242).

Nestas duas modalidades de usucapião, houve a previsão de redução do tempo mínimo de posse necessário para 10 (dez) anos na usucapião extraordinária e de cinco (5) anos na usucapião ordinária em decorrência de circunstâncias que indicam a sujeição do imóvel a um fim social descrito como "a moradia habitual, a realização de obras ou serviços de caráter produtivo ou investimento" (parágrafo único do art. 1.238 e parágrafo único do art. 1.242).

b) reprodução nos arts. 1.239 e 1.240 do Código Civil da usucapião constitucional urbana e rural previstas nos arts. 183 e 191 da Constituição Federal.

Um dos principais efeitos da função social da propriedade – o de priorizar a posse – não foi totalmente esgotado pelo legislador quando tratou de disciplinar as relações jurídicas privadas, pois o novo Código não abraçou a idéia de considerar de modo indistinto a primazia da posse sobre a propriedade, pois a posse, enquanto poder de fato exercido sobre um bem no sentido de extrair dele suas utilidades econômicas, para prevalecer sobre a propriedade, aniquilando-a, está submetida ao prazo mínimo de duração de cinco (5) anos, sem os quais está fadada a ceder ao direito de propriedade.

O novo Código Civil tratou ainda, nos arts. 1.369 a 1.377, do direito de superfície.

Superfície, em geometria, significa a parte exterior dos corpos, tomando-se em conta duas dimensões: a largura e o comprimento.

Em Direito, superfície ou direito de superfície, significa o direito real pelo qual alguém, denominado superficiário, fica autorizado, por prazo determinado, a construir ou a plantar em terreno ou solo alheio, com a conseqüência de adquirir, em caráter resolúvel, a propriedade da construção ou da plantação.

Isso, se ocorrer, terá por principal efeito suspender, por um prazo determinado, o efeito aquisitivo da acessão, isto é, a regra que estabelece que o proprietário do solo adquire a propriedade das construções e das plantações que lhe são feitas.

José Guilherme Braga Teixeira define o direito de superfície como "direito real de construir ou plantar em terreno alheio, por prazo determinado; e propriedade da construção ou da plantação pertencente, em caráter resolúvel, ao superficiário (propriedade superficiária), distinta da propriedade do solo".[28] O citado autor propõe a superfície como direito autônomo; o direito real imobiliário, limitado e autônomo, de manter, ou de fazer e manter construção ou plantação em solo alheio, que confere ao seu titular (o superficiário) a propriedade resolúvel da construção ou plantação separada da propriedade do solo.[29]

É possível, no entanto, conceder ao direito de superfície a natureza de direito real limitado sobre a coisa alheia, isto é, direito real de utilização de imóvel alheio para fins de construção ou plantação.[30]

São direitos do concedente o de: a) utilizar a parte do imóvel que não é objeto da superfície, observadas as restrições contidas no título do negócio jurídico superficiário; b) receber a remuneração periódica ajustada (*solarium*), se convolada a superfície onerosamente; c) ter preferência na aquisição da superfície alienada onerosamente; d) promover a resolução da superfície antes do termo fixado, se o superficiário não plantar ou não edificar no prazo fixado, ou se edificar ou plantar em desacordo com o título negocial que lha conferiu, ou, ainda, se lhe der destinação diversa da prevista no título; e) constituir gravames reais sobre o solo; f) tornar-se dono do edifício ou da plantação, indenizando, ou não, o superficiário, uma vez extinta a superfície, pelo término da suspensão do efeito aquisitivo da acessão.

---

28. *O Direito Real de Superfície*, p. 57.
29. Idem, p. 70.
30. Gilberto Cabett Júnior, *Direito de Superfície*, p. 64. Como adeptos deste posicionamento, o citado autor menciona Edmundo Gatti, Maria Sylvia Zanella Di Pietro, Fernando Dias Menezes de Almeida e Silvio de Salvo Venosa.

São obrigações do concedente: a) não praticar atos que impeçam a plantação ou a construção ou o exercício do direito de superfície; b) dar preferência ao superficiário, em igualdade de condições com qualquer terceiro, à aquisição do solo, quando esta se faça onerosamente.

São direitos do superficiário: a) usar a superfície do solo alheio, nos limites do negócio superficiário; b) usar, gozar e dispor da construção ou plantação superficiária como coisa sua, separada da propriedade do solo; c) constituir gravames reais sobre a construção ou plantação, que se extinguirão no termo da superfície; d) exercer preferência na aquisição do solo; e) reconstruir a construção ou refazer a plantação, se houverem perecido, enquanto durar a superfície.

São obrigações do superficiário: a) pagar a remuneração, na forma ajustada, na superfície onerosa; b) construir ou plantar de acordo com o que for estabelecido no título constitutivo da superfície; c) efetuar o pagamento dos encargos e tributos que incidam sobre a obra superficiária e sobre o solo; d) conservar a obra superficiária e não demoli-la; e) dar preferência ao senhor do solo, em igualdade de condições com terceiro, à aquisição da coisa superficiária.

A superfície constitui-se pelo registro de seu título constitutivo no Cartório de Registro de Imóveis ou por sucessão hereditária ou por usucapião. O contrato deve revestir a forma escrita e, em nosso país, a solenidade da escritura pública. O testador pode legar a superfície e a propriedade do solo ou legar a superfície e deixar à universalidade dos herdeiros a propriedade do solo.

A usucapião extraordinária é hipótese rara de acontecer.

A usucapião ordinária pode acontecer em razão de concessão anterior a *non domino*.

O direito de superfície pode extinguir-se por: a) término do prazo de sua duração: esgotado o prazo de duração do instituto; b) renúncia do superficiário; c) confusão; d) resolução; e) distrato; f) perecimento do objeto; g) prescrição; h) desapropriação.

2.2 *Função social da propriedade urbana*

A função social da propriedade manifestou-se com mais intensidade no campo do direito urbanístico, no tema relativo à propriedade urbana e ao seu papel no desenvolvimento urbano. Para Maria Sylvia Zanella Di Pietro, a Constituição delimitou o campo de aplicação do princípio da função social da propriedade na área urbana a uma adequação ao Plano Diretor do Município, de modo a obrigar o proprietário do terreno não construído a nele edificar ou proceder ao seu parcelamento e, na área rural, à correta utilização econômica da terra e sua justa distribuição, de modo a atender ao bem-estar social da coletividade.[31]

De acordo com o texto constitucional (art. 182, § 2º) "a propriedade urbana cumpre sua função social quando atende às exigências fundamentais de ordenação da cidade expressa no plano diretor".

O plano diretor pode exigir do proprietário do solo urbano não edificado, subutilizado ou não utilizado, que promova o seu adequado aproveitamento (art. 182, § 3º), demonstrando, com isso, ser um exemplo de aplicação do princípio da função social da propriedade por não mais aceitar a noção radicada no direito de propriedade segundo a qual o proprietário pode dar o destino que deseje ao seu imóvel, mesmo que o fim seja o de não edificar ou não aproveitar o bem.

De acordo com Melhim Namem Chalhub, a Constituição retiraria do titular da propriedade a possibilidade de não-uso da propriedade nas áreas e situações em que o plano diretor da cidade especificar determinado uso para a propriedade, daí resultando que a propriedade ociosa, nas circunstâncias definidas no plano diretor, deixaria de exercer sua função social.

Nesse ponto, a faculdade do proprietário de deliberar sobre o aproveitamento de seu terreno urbano cederia passo ao interesse coletivo definido em lei, realçando a perda de importância dos proprietários no papel de protagonistas do processo urbano.[32]

Os mecanismos de exigibilidade de um adequado aproveitamento estão descritos no próprio texto constitucional. Existe a possibilidade de exigir-se sucessivamente o parcelamento ou a edificação compulsória, a cobrança de imposto sobre a propriedade predial e territorial urbana progressiva no tempo e, até, desapropriar-se o bem

---

31. *Direito Administrativo*, p. 124.
32. *Propriedade Imobiliária, Função Social e outros Aspectos*, p. 20.

com pagamento mediante títulos da dívida pública de emissão previamente aprovada pelo Senado Federal, com prazo de resgate de até dez anos, em parcelas anuais, iguais e sucessivas, assegurados o valor real da indenização e os juros legais.

Realizando o programa definido na Constituição com relação à função social da propriedade urbana, o legislador elaborou vigoroso e inovador instrumento legislativo, denominado Estatuto da Cidade (Lei n. 10.257/2001).[33]

Os objetivos do Estatuto da Cidade foram exaustivamente descritos no art. 2º, nos incisos I *usque* XVI.

O inciso I garante o direito a cidades sustentáveis, que, na lição de Odete Medauar, significa "aquelas em que o desenvolvimento urbano ocorre com ordenação, sem caos e destruição, sem degradação, possibilitando uma vida urbana digna para todos", mediante o direito à terra urbana, à moradia, ao saneamento ambiental, à infraestrutura urbana, ao transporte e aos serviços públicos, ao trabalho e ao lazer, para as presentes e futuras gerações.[34]

O inciso II assegura a gestão democrática das cidades mediante a participação da população e das associações representativas dos segmentos da comunidade na formulação, execução e fiscalização de planos, programas e projetos de desenvolvimento urbano. Os arts. 43 a 45 cuidam da gestão democrática da cidade que será exercitada por intermédio dos órgãos colegiados de política urbana, debates, audiências e consultas públicas, iniciativa popular de projeto de lei, de planos, programas e projetos de desenvolvimento urbano.

Maria Paula Dallari Bucci defende que o conselho de desenvolvimento urbano, previsto em algumas leis orgânicas de Municípios,

---

33. Para a história do Estatuto da Cidade, ver Mariana Moreira, "A história do estatuto da cidade", in Adilson Abreu Dallari e Sergio Ferraz, *Estatuto da Cidade, Comentários à Lei Federal 10.257/2001*, pp. 27-43. A origem do Estatuto da Cidade, segundo a referida autora (p. 32), remonta ao Projeto de Lei 775/1983 do Poder Executivo, sucedido por diversos projetos substitutivos, que, pretendendo explicitar o conceito de função social, propunha a observância de diretrizes como "iguais oportunidades de acesso à propriedade urbana e à moradia; distribuição eqüitativa dos benefícios e ônus decorrentes da urbanização; correção das distorções de valorização da propriedade urbana; regularização fundiária de áreas ocupadas por população de baixa renda; e a devida adequação às normas urbanísticas do direito de construir".
34. *Estatuto da Cidade, Comentários à Lei 10.257/2001*, p. 17.

seja, por excelência, o *locus* da formulação da política urbana, desde que composto de forma a assegurar o equilíbrio entre os representantes do Poder Público e os representantes da Sociedade Civil e dotado de recursos orçamentários e técnicos que lhe permitam exercer suas funções.[35]

Quanto à competência consultiva ou deliberativa dos citados conselhos, opta a referida autora por negar-lhes competência deliberativa nas matérias que dependam da edição de lei específica, reservada, portanto, a competência do Poder Legislativo, e conceder-lhes competência deliberativa em matérias não dependentes de edição de lei específica.[36]

O inciso III prevê a cooperação entre os governos, a iniciativa privada e os demais setores da sociedade no processo de urbanização, em atendimento ao interesse social.

O inciso IV estabelece o planejamento do desenvolvimento das cidades, o planejamento da distribuição espacial da população e das atividades econômicas do município, de modo a evitar e corrigir as distorções do crescimento urbano e seus efeitos negativos sobre o meio ambiente.

Este planejamento passa, necessariamente, pelo plano diretor, desde que o Município tenha mais de vinte mil habitantes, ou pretenda utilizar os instrumentos previstos no § 4º do art. 182 da Constituição Federal, concebido como o mais importante instrumento de planificação urbano previsto no direito brasileiro.[37]

Diógenes Gasparini, tomando de empréstimo a lição de Hely Lopes Meirelles, conceitua o plano diretor como "o complexo de normas legais e diretrizes técnicas para o desenvolvimento global e cons-

---

35. "Gestão democrática da cidade (arts. 43 a 45)", in *Estatuto da Cidade, Comentários à Lei Federal 10.257/2001*, pp. 328-330.
36. Idem, p. 331. Diz a referida autora: "a atribuição de funções deliberativas ao Conselho esbarrará nas matérias em relação às quais o Estatuto da Cidade ou outras normas exijam edição de lei específica, reservando, portanto, competência ao Poder Legislativo. Contudo, em relação a outras matérias, não cobertas por essa vedação, poderá ser atribuído ao conselho poder de deliberar sobre aspectos de fundo, os quais se tornarão elementos vinculantes ou de forte poder persuasório para a expedição de atos administrativos ou legislativos subseqüentes".
37. Jacinto Arruda Câmara, "Plano diretor", in *Estatuto da Cidade, Comentários à Lei Federal 10.257/2001*, p. 311.

tante do Município, sob os aspectos físico, social, econômico e administrativo, desejado pela comunidade local".[38]

De acordo com Jacinto Arruda Câmara, o plano diretor presta-se a dar contornos de precisão ao conceito fluído de função social da propriedade urbana, pois esta a cumpre quando atende às exigências fundamentais expressas no plano diretor (art. 39 do Estatuto da Cidade); desempenha importante papel institucional, por ser considerado instrumento básico da política de desenvolvimento e expansão urbana, apresentando-se como condição necessária para o implemento de diversos instrumentos de construção de uma política urbana como direito de preempção, outorga onerosa do direito de construir, operações urbanas consorciadas e transferência do direito de construir.[39]

Como discorrem Aluísio Pires de Oliveira e Paulo César Pires Carvalho, citados em Regis Fernandes de Oliveira, "a atividade natural de um plano diretor é o planejamento, trazendo no seu bojo o levantamento da realidade do território, a disciplina deste território para o desenvolvimento harmonioso e a disciplina da propriedade do solo, enfim a gestão do território pelo Município".[40]

O inciso V obriga o Poder Público a ofertar equipamentos urbanos e comunitários, transporte e serviços públicos adequados aos interesses e necessidades da população e às características locais.

O inciso VI determina a ordenação e controle do uso do solo de modo a evitar a utilização inadequada dos imóveis urbanos, a proximidade de usos incompatíveis ou inconvenientes (com o fito de evitar a consolidação de usos incompatíveis ou a degradação de áreas grandes), o parcelamento do solo, a edificação ou o uso excessivos ou inadequados em relação à infra-estrutura urbana (com o propósito de assegurar um equilíbrio no espaço urbano), a instalação de empreendimentos ou atividades que possam funcionar como pólos geradores de tráfego sem a previsão da infra-estrutura correspondente, a retenção especulativa que resulte na subutilização ou não-utilização de

---

38. "Direito de preempção", in *O Estatuto da Cidade, Comentários à Lei Federal 10.257/2001*, p. 196.

39. "Plano diretor", in *Estatuto da Cidade, Comentários à Lei Federal 10.257/2001*, pp. 310-311.

40. Aluísio Pires de Oliveira e Paulo César Pires Carvalho, "Estatuto da Cidade", p. 83, apud Regis Fernandes de Oliveira, *Comentários ao Estatuto da Cidade*, p. 104.

imóvel urbano, a deterioração das áreas urbanizadas, a poluição e a degradação ambiental.

O inciso VII prevê a integração e complementaridade entre as atividades urbanas e rurais, tendo em vista o desenvolvimento socioeconômico do Município e do território sob sua área de influência.

O inciso VIII determina a adoção de padrões de produção, consumo de bens e serviços, e de expansão urbana compatíveis com os limites de sustentabilidade ambiental, social e econômica do Município e do território sob sua área de influência.

O inciso IX determina a justa distribuição dos benefícios e ônus decorrentes do processo de urbanização.

O inciso X prevê a adequação dos instrumentos de política econômica, tributária e financeira e dos gastos públicos aos objetivos do desenvolvimento urbano, de modo a privilegiar os investimentos geradores de bem-estar geral e fruição dos bens pelos diferentes segmentos sociais.

O inciso XI determina a recuperação dos investimentos do Poder Público que resultaram na valorização de imóveis urbanos, incentivando, portanto, o Município a instituir a contribuição de melhoria prevista no art. 145, III, da CF.

O inciso XII prevê a proteção, preservação e recuperação do meio ambiente natural e construído, do patrimônio cultural, histórico, artístico, paisagístico e arqueológico.

O inciso XIII determina a oitiva do Município e da população interessada nos processos de implantação de empreendimentos ou atividades com efeitos potencialmente negativos sobre o meio ambiente natural ou construído, o conforto ou a segurança da população.

O inciso XIV prevê a regularização fundiária de áreas ocupadas por população de baixa renda mediante o estabelecimento de normas especiais de urbanização, uso e ocupação do solo e edificação, consideradas a situação socioeconômica da população e as normas ambientais.

O inciso XV determina a simplificação da legislação de parcelamento, uso e ocupação do solo e das normas edilícias, com vistas a permitir a redução dos custos e o aumento da oferta dos lotes e unidades habitacionais.

O inciso XVI prevê igualdade de condições para os agentes públicos e privados na promoção de empreendimentos e atividades relativas ao processo de urbanização, atendido o interesse social.

O Estatuto da Cidade estabeleceu uma série de instrumentos para auxiliar o alcance das diretrizes nele estabelecidas. Entre os instrumentos jurídicos, previu a desapropriação, as limitações administrativas, o tombamento de imóveis ou de mobiliário urbano, a instituição de unidades de conservação, a instituição de zonas especiais de interesse social, a concessão de direito real de uso, a concessão de uso especial para fins de moradia, o parcelamento, edificação ou utilização compulsórios, a usucapião especial de imóvel urbano, o direito de superfície, o direito de preempção, a outorga onerosa do direito de construir, as operações urbanas consorciadas, a regularização fundiária, a assistência técnica e jurídica gratuita às comunidades e grupos sociais menos favorecidos, o referendo popular e plebiscito.

Trataremos dos instrumentos jurídicos disciplinados pelo Estatuto da Cidade que, aos nossos olhos, estão mais diretamente vinculados à questão da função social da propriedade.

2.2.1 Do parcelamento, edificação ou utilização compulsórios

O parcelamento, a edificação ou a utilização compulsórios constituem obrigação imposta ao proprietário de imóvel situado em área incluída no plano diretor que não edifica, subutiliza ou não utiliza imóvel de sua propriedade, dando-lhe um aproveitamento abaixo do mínimo definido no plano diretor ou em legislação dele decorrente (art. 5º, § 1º, do Estatuto da Cidade).

Imóvel não edificado é aquele sobre o qual não foi erigida construção. Trata-se, ainda, de terreno.

Imóvel subutilizado é imóvel sobre o qual existe construção, mas esta é inferior ao índice legal permitido.

Imóvel não utilizado é o que, a par de não existir qualquer construção, não vem sendo aproveitado adequadamente.

Diógenes Gasparini define o "parcelamento, a edificação ou a utilização compulsórios como determinações de natureza urbanística, previstas em lei municipal baseada no plano diretor, impostas pelo Município ao proprietário do solo urbano e a outras pessoas por ela alcançáveis, como o são os superficiários e os compromissários compradores com título registrado, cujos imóveis situados em áreas indicadas no plano diretor não são utilizados ou são subutilizados".[41]

A imposição de parcelamento, edificação ou utilização compulsórios depende da existência, no Município, de um plano diretor que defina área ou áreas sujeitas ao parcelamento, edificação ou utilização compulsórios, bem como da existência de lei específica, isto é, lei que trate apenas do assunto de parcelamento, edificação ou utilização compulsórios com detalhes.

Cabe, na lição de Vera Scarpinella Bueno, à lei: "especificar, por meio da delimitação da área atingida, as propriedades sujeitas à sanção. Também é ela que definirá, no caso de o plano diretor não o ter feito, os parâmetros para aferição da adequada utilização da propriedade, estabelecendo a obrigação a que o proprietário descumpridor dos ditames legais está sujeito. Cabe, portanto, às várias leis específicas que serão editadas no tempo a concretização do plano diante de uma dada realidade fruto da dinâmica das cidades. São elas que devem 'fixar as condições e os prazos para implementação da referida obrigação', observados os parâmetros determinados pelo Estatuto da Cidade".[42]

A imposição das sanções acima mencionadas depende ainda da verificação de subutilização do imóvel que, pelo § 1º, inciso I, do art. 5º do Estatuto da Cidade, significa imóvel com coeficiente de aproveitamento inferior ao mínimo definido no plano diretor ou em legislação dele decorrente.[43]

Persiste a divergência na doutrina acerca da possibilidade de o plano diretor estabelecer hipóteses diversas de subutilização do imóvel, desde que tais hipóteses possam ser enquadradas como violado-

---

41. *O Estatuto da Cidade*, p. 26.
42. "Parcelamento, edificação ou utilização compulsórios da propriedade urbana", in *Estatuto da Cidade, Comentários à Lei Federal 10.257/2001*, p. 93.
43. O inciso II, do § 1º, do art. 5º do Estatuto da Cidade tinha outra hipótese de subutilização consistente na utilização do imóvel em desacordo com a legislação urbanística ou ambiental, que foi vetado pelo Excelentíssimo Presidente da República com a justificativa de que haveria uma equiparação inconstitucional, porquanto a Constituição penaliza somente o proprietário que subutiliza o seu imóvel de forma a não atender ao interesse social, não abrangendo aquele que a seu imóvel deu uso ilegal, o qual pode, ou não, estar sendo subutilizado.

ras do princípio da função social da propriedade, ou, se o Estatuto da Cidade seria o veículo normativo previsto na Constituição (art. 182, § 4º) para definir subutilização.[44]

O Estatuto da Cidade disciplina o procedimento para impor ao proprietário a obrigação de aproveitar adequadamente o imóvel, atendendo, assim, às regras contidas no plano diretor e na legislação específica. O proprietário deverá ser notificado pelo Poder Executivo Municipal a aproveitar adequadamente o imóvel mediante a realização do comportamento por ele determinado, que, nos termos do Estatuto da Cidade, pode ser a edificação, o parcelamento ou a utilização. De acordo com Régis Fernandes de Oliveira, "constatado que o imóvel está sendo subutilizado, o proprietário será notificado para o cumprimento da obrigação, devendo a notificação ser averbada no Cartório de Registro de Imóveis (§ 2º, do art. 5º). A notificação é feita por servidor municipal ao proprietário do imóvel ou, sendo pessoa jurídica, na pessoa de quem tem poderes de gerência ou administração (inciso I, do § 3º), ou por edital, quando frustrada a tentativa de notificação pessoal (inciso II). Nada impede, no entanto, que venha a ser feita pelo Cartório de Títulos e Documentos ou por via judicial. O que importa é a ciência efetiva do ato e não a forma ou por quem é feita a notificação".[45]

Embora o Estatuto da Cidade não preveja, a notificação deve ser precedida de verificação que constate a não-utilização ou a subutilização do imóvel, pois a subutilização do imóvel constitui o motivo do ato que impõe a obrigação de aproveitar adequadamente o imóvel, devendo, portanto, estar comprovada antes da expedição do referido ato.

---

44. Vera Scarpinella Bueno, ob. cit., p. 99, expressa a opinião de que "a própria Constituição Federal diz que lei municipal pode exigir do proprietário do solo urbano não edificado, subutilizado ou não utilizado o seu adequado aproveitamento *nos termos da lei federal* (art. 182, § 4º). É a lei federal – o Estatuto da Cidade – que trouxe os contornos para a exigência dessa obrigação. Se o Estatuto poderia ter trazido um rol maior de hipóteses de subutilização, esta é outra discussão. O fato é que não o fez. Restringiu o conceito de imóvel urbano subutilizado àquele 'cujo aproveitamento seja inferior ao mínimo definido no plano diretor ou em legislação decorrente'. O Município não tem competência para tratar do assunto, nem para dar uma interpretação que 'encubra' o veto presidencial".

45. *Comentários ao Estatuto da Cidade*, p. 35.

Vera Scarpinella Bueno posiciona-se contra a prévia verificação da subutilização com os argumentos de que a lei não a prevê expressamente e que não haveria prejuízo para o proprietário, que teria oportunidade para defender-se contra o argumento de subutilização antes de sofrer qualquer prejuízo.[46]

A notificação tem por fim comunicar ao proprietário a obrigação de promover o adequado aproveitamento do imóvel, segundo regras instituídas pela legislação municipal, no prazo nela fixado, que, no entanto, por força do disposto no art. 5º, § 4º do Estatuto da Cidade, não pode ser inferior a um ano. Dentro desse prazo, o proprietário deve, no caso de edificação ou parcelamento, protocolizar o projeto no órgão municipal competente. Aprovado o projeto, cabe-lhe, no prazo de dois anos, iniciar as obras.

Para ser eficaz em relação a terceiros, a notificação deve ser averbada no Cartório de Registro de Imóveis. A averbação dá maior publicidade à notificação e torna indiferente a transmissão do imóvel por ato *inter vivos* ou *causa mortis*, obrigando o adquirente, sucessor do alienante, a cumprir a obrigação de aproveitar adequadamente o imóvel (art. 6º do Estatuto da Cidade). De acordo com Diógenes Gasparini "essa regra atinge e submete aos seus termos e condições todo e qualquer adquirente, não importando a natureza do instrumento (particular ou público) de transmissão, a espécie da transação (compra e venda, doação, permuta) ou o caráter provisório (compromisso de venda e compra) ou definitivo (escritura pública de venda e compra)".[47]

Os destinatários da obrigação de aproveitamento mínimo, para Diógenes Gasparini, são os proprietários de imóveis urbanos situados em área incluída no plano diretor, entre eles, as pessoas físicas ou jurí-

---

46. Vera Scarpinella Bueno, ob. cit., pp. 96-97. A referida autora afirma: "A seguinte questão pode surgir: é necessário que o Poder Público Municipal, antes de notificar o proprietário para dar cumprimento ao disposto nas leis municipais, proceda à vistoria da propriedade, com participação do proprietário do imóvel? Parece-nos que não. Não só porque a lei não previu expressamente este procedimento, mas também porque não traz prejuízo algum ao proprietário o fato de eventual contestação ser posterior à notificação, e não prévia. Não há violação ao princípio do contraditório (CF, art. 5º, LIX), pois o proprietário terá oportunidade para apresentar defesa antes que venha a sofrer qualquer gravame".
47. *O Estatuto da Cidade*, p. 39.

dicas privadas, titulares do domínio e de outros direitos reais, e as pessoas governamentais, como as sociedades de economia mista e as empresas públicas exploradoras de atividade econômica. O referido autor exclui do rol de proprietários obrigados a aproveitar minimamente o imóvel os Estados, a União e as autarquias e fundações públicas. Ensina o referido autor: "O que não nos parece possível é considerar o proprietário público, como são o Estado e a União, destinatários dessas imposições, mesmo que seus imóveis estejam em área incluída no plano diretor e haja lei municipal disciplinando o parcelamento, a edificação e a utilização compulsórios. Primeiro, porque seria uma intervenção de um ente federado em outro, pois cada um tem exclusiva competência para usar, gozar e dispor de seus bens segundo o interesse público que lhe compete perseguir, observadas, naturalmente, as exigências municipais de ordem edilícia e urbanística. Segundo, porque mesmo que se aceitasse essa possibilidade de intervenção, não seria possível compelir o Estado ou a União ao cumprimento dessas imposições, pois seus bens não podem ser tributados (art. 150, VI, 'a', da CF), nem podem ser desapropriados, consoante previsto pelo § 2º, do art. 2º, da Lei Geral de Desapropriações, salvo na ordem e condições aí estabelecidas, o que não é o caso. As autarquias e as fundações públicas também não podem ser destinatárias dessas imposições, quando seus bens estejam situados em área incluída no plano diretor sobre a qual incide lei municipal específica disciplinando o parcelamento, a edificação ou o uso compulsórios, ainda que não estejam destinados aos fins perseguidos por essas entidades (imóveis baldios). Ainda que entidades de fins meramente administrativos, os bens dessas pessoas são bens públicos e, por dita razão, são protegidos contra imposições tributárias e desapropriações municipais".[48]

2.2.2 IPTU progressivo

O IPTU, Imposto sobre a Propriedade Predial e Territorial Urbana, definido nos arts. 32 a 34 do Código Tributário Nacional e previsto no art. 156, I, da Constituição Federal como imposto de competência do Município, incide sobre a propriedade territorial urbana. A hipótese material da regra matriz de incidência é ser proprietário ou

48. Idem. p. 28.

possuidor de imóvel localizado na área urbana do território do Município. A progressividade da alíquota apresenta-se como um instrumento de realização da política urbana na medida em que foi prevista tanto pela Constituição como pelo Estatuto da Cidade a cobrança de alíquota progressivamente maior, no caso de o proprietário não cumprir a obrigação imposta pela Municipalidade de parcelar ou edificar o imóvel, adequando-o às diretrizes do plano diretor. Com efeito, o art. 182, § 4º, inciso II, da Constituição Federal, permitiu ao Município impor como meio de obrigar ao adequado aproveitamento da propriedade urbana a cobrança de imposto sobre a propriedade predial e territorial urbana progressivo, e os arts. 7º e 8º do Estatuto da Cidade, ao disciplinarem este dispositivo constitucional, permitiram que o aumento progressivo da alíquota se estenda pelo prazo de cinco anos consecutivos, não excedendo duas vezes o percentual da alíquota relativa ao ano anterior, respeitado o limite máximo de quinze por cento (art. 7º, § 1º, do Estatuto da Cidade). Em outras palavras, caso o Município aplique o limite máximo permitido, a alíquota progressiva não poderá ultrapassar a quinze por cento (15%) do valor tomado como base de cálculo para a cobrança do imposto, no caso o valor venal, conforme determina o art. 33 do Código Tributário Nacional.

Há quem critique o percentual de quinze por cento (15%) por considerá-lo confiscatório. Nesse sentido, a lição de Regina Helena Costa: "dificilmente um imposto sobre a propriedade com alíquota nessa intensidade possa deixar de ser considerado confiscatório, diante da substancial absorção da propriedade que representará".[49]

Contra este posicionamento, os que defendem que, por se tratar de sanção, possuindo, portanto, nítido caráter extrafiscal, não incidiria a proibição constitucional da instituição de tributos confiscatórios, como Fernando Dias Menezes de Almeida e Diógenes Gasparini que, fortes na lição de Aliomar Baleeiro, sustentam não ofenderem a Constituição impostos que, em função extrafiscal, são instituídos com propósito de compelir ou afastar o indivíduo de certos atos ou atitudes, concluindo, assim, pela constitucionalidade da cobrança do IPTU com alíquotas progressivas de até 15%.[50]

---

49. "Instrumentos tributários para a política urbana", in *Estatuto da Cidade, Comentários à Lei Federal 10.257/2001*, p. 110.
50. *Estatuto da Cidade...*, Ed. RT, p. 64; *O Estatuto da Cidade*, Ed. NDJ, p. 49.

A cobrança da alíquota máxima obtida pode ser mantida por tempo indeterminado enquanto o proprietário desatender à obrigação de parcelar, edificar ou utilizar adequadamente o bem imóvel, conforme prevê o art. 7º, § 2º, do Estatuto da Cidade, dado o caráter sancionador da medida.

Neste sentido a lição de Régis Fernandes de Oliveira, para quem "Caso a obrigação imposta por lei, de parcelar, edificar ou utilizar não esteja atendida em cinco anos, o Município manterá a cobrança pela alíquota máxima, até que se cumpra a referida obrigação, garantida a prerrogativa prevista no art. 8º (§ 2º, do art. 7º). A alíquota máxima a que se refere o texto é aquela aplicada ao longo do tempo por parte do Poder Público. A elevação deverá ser feita de forma paulatina, o que busca constranger o contribuinte ao cumprimento da obrigação. Como não há possibilidade de constrangimento direto, ou seja, forçar-se *manu militari* que o contribuinte cumpra a obrigação (construa ou aproveite o imóvel), a solução constitucional é aplicação de sanção, que tem por objetivo conformar comportamentos (extrafiscalidade)".[51]

Anote-se, contudo, o posicionamento daqueles que, como Regina Helena Costa, entendem incabível a manutenção da exigência fiscal pela alíquota máxima além do prazo de cinco (5) anos, caso não seja cumprida a obrigação de parcelar, edificar ou utilizar o solo urbano, por configurar situação de confisco consumado, cabendo ao Município, no caso de renitência do proprietário em cumprir a obrigação, mesmo fixada a alíquota máxima por aquele prazo, recorrer ao instituto da desapropriação, previsto no art. 8º do Estatuto da Cidade.[52]

2.2.3 Desapropriação-sanção

O art. 8º do Estatuto da Cidade disciplinou o art. 182, § 4º, III, da Constituição Federal, ao estabelecer a desapropriação-sanção do direito de propriedade incidente sobre imóvel urbano nos casos em que, mesmo tendo sido estabelecida a cobrança por mais de cinco (5) anos do IPTU progressivo, o proprietário manteve-se inerte e não cumpriu a obrigação de parcelar, edificar ou utilizar adequadamente o imóvel.

---

51. *Comentários ao Estatuto da Cidade*, p. 44. Nesse sentido, também, Fernando Dias Menezes de Almeida, ob. cit., p. 65.
52. "Instrumentos tributários...", pp. 111-112.

Cuida-se, no caso, de faculdade atribuída ao Município que, de acordo com a conveniência e oportunidade, reserva-se ao direito de desapropriar ou não o imóvel que descumpra a sua função social, não obstante a adoção de outras sanções prévias.

A desapropriação-sanção é privativa do Município. O valor da indenização encontra-se definido no § 2º, do art. 8º, do Estatuto da Cidade. Ele deve refletir o valor da base de cálculo do IPTU, no caso o valor venal, descontada eventual valorização decorrente de obras realizadas pelo Poder Público na área de localização do imóvel, após a notificação para que o proprietário parcele, edifique ou utilize adequadamente o imóvel. A lei também exclui o pagamento dos lucros cessantes e os juros compensatórios.

O critério de fixação do valor de indenização acima definido diverge do critério constitucional de justa indenização que, segundo a doutrina, é aquele que corresponde ao real e efetivo valor do bem expropriado, com todas as benfeitorias, deixando o expropriado indene, sem prejuízo, e que compreende o valor real e efetivo do bem e os danos emergentes, como a perda do fundo de comércio, e os lucros cessantes do proprietário, a perda da renda, decorrentes da retirada do bem de seu patrimônio. Portanto, a justa indenização compreenderia a correção monetária, devida a partir da avaliação do bem; os juros moratórios devidos pela demora no pagamento do valor da indenização, contados a partir do trânsito em julgado da sentença e calculados à razão de 6% (seis por cento) ao ano, de acordo com a Súmula 70 do STJ;[53] e juros compensatórios devidos do momento da perda efetiva da posse até a data do pagamento da indenização à razão de 12% (doze por cento) ao ano, nos termos da Súmula 618 do STF,[54] que

---

53. A Súmula 70 foi modificada pelo art. 15-B do Decreto-lei n. 3.365, de 21.6.1941, acrescentado pela MP n. 2.183, cuja redação é a seguinte: "Nas ações a que se refere o art. 15-A, os juros moratórios destinam-se a recompor a perda decorrente do atraso no efetivo pagamento da indenização fixada na decisão final de mérito, e somente serão devidos à razão de até 6% (seis por cento) ao ano, a partir de 1º de janeiro do exercício seguinte àquele em que o pagamento deveria ser feito, nos termos do art. 100 da Constituição".

54. Os juros compensatórios foram alterados recentemente pela Medida Provisória n. 2.183-56 que, ao introduzir o art. 15-A no Decreto-lei n. 3.365/1941, os fixou em 6% e sobre o valor da diferença entre o preço ofertado e o valor fixado na sentença. A redação do artigo é a seguinte: "No caso de imissão prévia na posse, na desapropriação por necessidade ou utilidade pública e interesse social, inclusive para fins

decorrem de construção jurisprudencial e são devidos pelo expropriante ao expropriado como compensação pela perda antecipada da posse, pois, como a indenização só é paga no final do processo, o expropriado que foi subtraído da posse do bem no início da lide ficaria onerado injustamente com essa perda, se não fossem os juros compensatórios.

O Estatuto da Cidade, como visto, no art. 8º, § 2º, fixa o valor real da indenização no equivalente ao valor da base de cálculo do IPTU, ou seja, o valor venal, quando nem sempre o valor venal corresponde ao valor real do bem. Além disso, verbas incluídas no conceito de justa indenização tanto pela doutrina, como pela jurisprudência, como os lucros cessantes e os juros compensatórios, foram excluídos do montante a ser indenizado, de modo que se estabeleceu um conflito entre o conceito de justa indenização presente na Constituição e o conceito de real indenização previsto no Estatuto da Cidade.

Para alguns, este conflito só pode ser resolvido em favor da prevalência do conceito de justa indenização previsto na Constituição, cujo sentido em nosso sistema encontra-se pacificado na doutrina e na jurisprudência. Logo, para eles seriam inconstitucionais as restrições apontadas ao valor da justa indenização previstas no Estatuto da Cidade. O que distinguiria a desapropriação por interesse público da desapropriação-sanção prevista no art. 182 da Constituição Federal, no requisito indenização, é o fato de a indenização na desapropriação-sanção não precisar ser prévia e nem em dinheiro. Afora isso, ela deve ser justa, isto é, deixar indene, sem prejuízo, o proprietário que foi compelido a demitir-se da propriedade do bem.

de reforma agrária, havendo divergência entre o preço ofertado em juízo e o valor do bem, fixado na sentença, expresso em termos reais, incidirão juros compensatórios de até 6% (seis por cento) ao ano sobre o valor da diferença eventualmente apurada, a contar da imissão na posse, vedado o cálculo de juros compostos".

Essa regra vale, também, para os casos de desapropriação indireta (art. 15-A, § 3º).

O Supremo Tribunal Federal em liminar na ADI 2.332-2 requerida pelo Conselho Federal da Ordem dos Advogados do Brasil suspendeu, por aparente inconstitucionalidade, a eficácia da expressão de até 6% ao ano e considerou que a interpretação conforme a Constituição obrigará a entender, no que concerne à parte final do art. 15-A, que a base de cálculo dos juros compensatórios será a diferença entre 80% do preço ofertado em juízo e o valor do bem fixado na sentença.

Foram suspensos, ainda, o §§ 1º, 2º e 4º do Decreto-lei n. 3.365/1941.

Neste sentido a lição de Clóvis Beznos: "não havendo razão jurídica para o discrímen em idêntica situação de descumprimento da função social da propriedade, somente se pode concluir que o asseguramento do *valor real da indenização*, tal como prevê o art. 182, quer significar a mesma coisa que justa indenização".[55]

Também neste sentido Maria Sylvia Zanella Di Pietro: "o dispositivo é inconstitucional e tem grande possibilidade de ser assim declarado pelo Supremo Tribunal Federal, da mesma forma que o foi, anteriormente, o artigo 11 do Decreto-lei n. 554, de 25.4.1969, que dispunha sobre desapropriação para reforma agrária. O dispositivo determinava como teto para a indenização o valor declarado pelo proprietário, para efeito de pagamento o imposto territorial rural, independentemente de considerar se esse teto seria ou não suficiente para recompor integralmente o patrimônio do expropriado. Por essa razão foi declarado inconstitucional (*RDA* 155/238), tendo sua execução suspensa pelo Senado, por meio da Resolução n. 126, de 8.11.1965.

"A limitação da indenização conflita com a exigência de *indenização justa* contida na Constituição, seja no artigo 5º, inciso XXIV, seja no artigo 182, § 3º. O caráter sancionatório apenas impõe o pagamento em títulos da dívida pública, mas não afeta a exigência de indenização justa, sob pena de a desapropriação adquirir, nesse caso, feição confiscatória. A indenização só é justa quando recompõe inteiramente o patrimônio do desapropriado, abrangendo todos os eventuais prejuízos que decorram da perda da propriedade."[56]

Contra este entendimento a posição de Diógenes Gasparini: "se o constituinte desejasse que o valor a ser pago pela expropriação fosse igual ao da justa indenização, teria assim prescrito claramente, tal como fez no parágrafo anterior, e haveria, nesse inciso do § 4º do art. 182 da Constituição Federal, a tradicional expressão: assegurada a justa indenização. Ao contrário, em nítida demonstração de que desejava outro valor indenizatório para tais desapropriações, mencionou: assegurados o valor real da indenização e os juros legais. (...) Assim, pode-se afirmar que o constituinte desejou um valor indeniza-

---

55. "Desapropriação em nome da política urbana (art. 8º)", in *Estatuto da Cidade, Comentários à Lei Federal 10.257/2001.*
56. *Direito Administrativo*, p. 170.

tório diverso daquele tradicionalmente pago ao expropriado e o consignou no texto constitucional".[57]

Cabe meditar se a natureza de sanção da desapropriação imposta ao proprietário urbano renitente não cumpridor da função social de sua propriedade não abarcaria, também, o pagamento de uma indenização diversa daquela compreendida na expressão "justa indenização", que, portanto, não seria apurada segundo um "justo" indagável à luz do valor efetivo do imóvel, mas segundo os critérios estabelecidos no artigo 8º, § 2º, do Estatuto da Cidade, o que significaria a atribuição de menor proteção à propriedade urbana que não cumpre sua função social.[58]

A efetivação da desapropriação que resulta na passagem da propriedade do imóvel do particular para o Município não desonera a Municipalidade da obrigação de dar ao imóvel aproveitamento compatível ao expresso no plano diretor, conforme se verifica pelo disposto no § 4º, do art. 8º, que estipula o prazo máximo de cinco (5) anos, contados da incorporação, para que o Município promova o adequado aproveitamento do imóvel.

O Estatuto da Cidade permite que o Município opte por transferir a terceiros a obrigação de aproveitar adequadamente o imóvel, valendo-se, para tanto, dos institutos da concessão de uso de bem público ou da alienação, mediante procedimento licitatório (art. 8º, §§ 5º e 6º do Estatuto da Cidade).

2.2.4 Da usucapião especial de bem imóvel urbano

A usucapião é meio de aquisição da propriedade pela posse prolongada do bem somada à inércia do proprietário.

---

57. *O Estatuto da Cidade*, pp. 62-63.
58. Celso Antônio Bandeira de Mello ("Novos aspectos da função social da propriedade", *Revista de Direito Público* 84/41), sob a égide da Constituição anterior a 1988, sustentou este ponto de vista, já transcrito acima: "Ergo, existe proteção também para a propriedade que contrarie a função social, conquanto tal proteção, seja menos completa, pois, neste caso, a indenização devida não se apura segundo um 'justo' perquirível ao lume do valor efetivo do imóvel, mas segundo critérios que a lei estabelecer e far-se-á 'em títulos especiais da dívida pública, resgatáveis no prazo de vinte anos, em parcelas anuais e sucessivas (...)' tudo como dispõe o referido art. 161".

A Constituição Federal, no art. 183, ao tratar da política urbana, disciplinara a usucapião urbana individual traçando-lhe o perfil: possuir por cinco anos, de forma ininterrupta e sem oposição, área urbana de até 250m², utilizando-a para sua moradia ou de sua família, sem ser proprietário de outro imóvel urbano ou rural.

Os requisitos da posse mansa e pacífica por cinco anos de área urbana de até 250m² utilizada como moradia pessoal ou familiar, sem ser proprietário de outro imóvel urbano ou rural, configuram atualmente não apenas requisitos da usucapião urbana, como, também, da concessão do direito especial de moradia.

O Estatuto da Cidade, no art. 9º (Lei n. 10.257/2001), disciplina a usucapião urbana individual, mas aumenta-lhe o espectro de incidência ao permiti-la para área ou edificação urbana de até 250 m² (duzentos e cinqüenta metros quadrados).

A novidade na redação, se comparada com a redação da Constituição Federal, é a de permitir a aquisição pela prescrição aquisitiva da edificação, independentemente do terreno ao qual acede.[59]

A novidade "área ou edificação" também reabre discussão já apaziguada se o limite de 250 m² refere-se ao solo, à construção ou a ambos. Prevalecia o entendimento de que a limitação respeitava apenas o solo, sendo indiferente o tamanho da área a construir. Francisco Eduardo Loureiro opina pela adoção da corrente minoritária e, assim, para ele o limite de 250 m² atinge tanto a área de terreno como a construção, não podendo qualquer delas ultrapassar o teto legal.[60]

O art. 9º, § 3º, dispõe sobre a *successio possessionis*, isto é, permite a sucessão na posse do herdeiro legítimo, mas exige que o herdeiro legítimo resida no imóvel por ocasião da sucessão.

Esta exigência deve ser observada se o prazo prescricional até o momento da morte do possuidor não se tiver consumado, pois, nesse caso, o herdeiro sucede o morto na transmissão do bem, pois o falecido já era proprietário, apenas sem sentença reconhecendo-lhe tal qualidade.

---

59. Nesse sentido Francisco Eduardo Loureiro, "Usucapião coletivo e habitação popular", *Revista de Direito Imobiliário* 51/154.
60. Idem, p. 155.

O herdeiro sucessor deve residir no imóvel. Dúvidas surgem quando houver pluralidade de herdeiros e apenas um residir no imóvel no momento da morte. Há três soluções possíveis: a) todos aguardam o prazo para outras modalidades de usucapião; b) o herdeiro que reside no imóvel nega a composse dos co-herdeiros, afirma ser possuidor exclusivo e inaugura novo prazo prescricional; e c) a situação jurídica de um herdeiro a todos beneficia.[61]

Eduardo Francisco Loureiro crê ser a terceira solução a melhor medida.[62]

O legislador não aceitou para a usucapião individual a ocorrência da *accessio possessionis*, isto é, a soma das posses do antigo e do novo possuidor. Para Francisco Eduardo Loureiro, andou bem nesse sentido o legislador por adotar entendimento doutrinário e pretoriano acerca do tema, que negava a incidência da *accessio possessionis* na usucapião constitucional, exigindo, portanto, posse pessoal do usucapiente,[63] muito embora, com este critério, haverá certo descompasso com a usucapião coletiva e a concessão de uso especial para fins de moradia que contemplam a soma das posses (art. 10, § 1º, do Estatuto da Cidade, e art. 2º, § 1º, da Medida Provisória n. 2.220, de 4.9.2001).

O deferimento da usucapião individual não está subordinado ao preenchimento antecipado dos requisitos urbanos e do Plano Diretor da Cidade.[64]

2.2.5 Usucapião coletiva

O art. 10 do Estatuto da Cidade disciplina a usucapião coletiva.[65]

---

61. Idem, p. 156.
62. Assim no curso da prescrição, caso um dos herdeiros resida no imóvel no momento da morte e eles mantenham composse, poderão todos requerer em litisconsórcio ativo necessário, o usucapião especial.
63. Idem, p. 155.
64. Idem, p. 158.
65. De acordo com Regis Fernandes de Oliveira, ob. cit., p. 55, "o dispositivo tem inegável alcance social e ampara inequívoca ocorrência social. Inúmeros são os casos alcançados pelo artigo. É que as pessoas de baixa renda vão se ajuntando em imóveis acanhados. Normalmente, ocupam-nos e moram quase como animais. Acumulam-se em canastras quebradas, colchões jogados ao chão, mesas quebradas, tetos em que nada invejam a música do poeta do morro, todos furados, permitindo que estrelas salpiquem o chão. São condições subumanas de vida (...)".

O instituto beneficia áreas urbanas que tenham mais de 250m², ocupadas por pessoas de baixa renda e utilizadas como moradia.

Exige-se posse qualificada (CF, art. 183) e a impossibilidade de identificar os terrenos ocupados por cada possuidor. Esta impossibilidade é relativa e não absoluta, pois, como regra, sempre é possível identificar tais áreas e o respectivo possuidor. Deve prevalecer o entendimento de que a usucapião urbana coletiva é possível naquelas áreas onde o adensamento habitacional impede delimitação satisfatória do ponto de vista individual e urbanístico.

O legislador criou, ou não, uma nova modalidade de usucapião? Eduardo Francisco Loureiro crê que não. Para ele "o chamado usucapião coletivo nada mais é do que uma espécie de usucapião constitucional urbano, apenas ostentando algumas facetas peculiares para solucionar situações fáticas que encontravam obstáculos de natureza formal para consumação da prescrição aquisitiva".[66]

Paulo Eduardo Fucci externa opinião idêntica: "sem dúvida, o art. 10 não cria uma nova modalidade de usucapião distinta daquela prevista no art. 183 da CF. Os requisitos são os mesmos. A única novidade está apenas na possibilidade aberta de reconhecimento coletivo da usucapião com a instituição de uma modalidade original e temporária do condomínio até que se consume a reurbanização da área ocupada pelo conjunto de moradias, destinada a propiciar a melhoria das condições habitacionais e de saneamento básico, podendo esse condomínio ser extinto a partir de então".[67]

O art. 10 do Estatuto da Cidade repete alguns dos requisitos da usucapião urbana previstos no art. 183 da CF (prazo ininterrupto e sem oposição, para fins de moradia, possuidores não proprietários de outro imóvel urbano).

A usucapião coletiva tem por objeto áreas urbanas com mais de 250 m². Assim, a soma das posses individuais pode ultrapassar o limite de 250 m², mas a área a ser usucapida não pode ultrapassar o múltiplo de autores vezes 250 m².

A usucapião coletiva pressupõe moradores de baixa renda. Cabe ao magistrado fixar o significado da expressão "baixa renda" que de

---

66. "Usucapião coletivo...", p. 159.
67. Paulo Eduardo Fucci, "Estatuto da Cidade e condomínio especial", p. 140.

plano aponta para a população sem condições econômicas de adquirir, por negócio oneroso, simples imóvel de moradia.

A usucapião coletiva exige área superior a 250m² onde não for possível identificar os terrenos ocupados por cada possuidor. A idéia do legislador foi a de abarcar situações onde as divisas das moradias são imprecisas, fluidas, sujeitas a modificações qualitativas e quantitativas. O propósito foi remover o obstáculo à regularização da situação pela impossibilidade de delimitação do imóvel.

O legislador permitiu a soma das posses tanto pela *accessio* como pela *successio possessionis*.

As vielas de acesso e as pequenas praças e os poucos espaços comuns localizados no interior da favela podem ser adquiridos pela usucapião coletiva.

Os imóveis com destinação mista (residencial e comercial) podem, também, ser usucapidos de modo coletivo, uma vez que a finalidade residencial encontra-se presente. De acordo com a lição de Eduardo Francisco Loureiro, "questão mais delicada é a de imóveis sem finalidade residencial e que, portanto, não se encontram, a princípio, albergados pelo usucapião coletivo. Deve se levar em conta que formam os núcleos habitacionais ou favelas um todo orgânico, tratado como unidade pelo legislador, de tal modo que excluir poucos imóveis comerciais – abrindo retalhos dominiais da gleba – pode significar, em casos concretos, a inviabilidade da urbanização futura. Parece que, ocorrendo tal hipótese, qual seja, a de que o recorte de imóveis não residenciais no interior da gleba desfigurem o todo, a aplicação do princípio da razoabilidade e a vocação eminentemente residencial da área, vista como unidade, é que constituem fatores determinantes para o usucapião coletivo".[68]

O art. 12 do Estatuto confere legitimidade para propor a ação ao possuidor, isoladamente, em litisconsórcio originário ou superveniente, aos possuidores, em estado de composse ou como substituto processual, a associação de moradores da comunidade, regularmente constituída, com personalidade jurídica, desde que explicitamente autorizada pelos representados.

---

68. "Usucapião coletivo...", p. 164.

A sentença cria um condomínio especial entre os usucapientes, diverso daquele condomínio edilício.

É considerado especial porque não está sujeito à extinção por vontade de um dos condôminos. A extinção está subordinada a dois requisitos simultâneos: a) deliberação tomada por dois terços dos condôminos; b) a existência de um projeto de urbanização.

Este condomínio foi criado com o propósito de viabilizar a reurbanização dessas áreas de modo a melhorar as condições habitacionais da população favelada. O condomínio deve perdurar enquanto não for executado o projeto de urbanização, pois o projeto de urbanização poderia ter sua execução dificultada se fosse permitida apenas a usucapião individual.

De acordo com Paulo Eduardo Fucci, surgiria "a cristalização precoce de propriedades individuais sobre terrenos irregulares, de pequenas dimensões, sobre os quais foram construídas habitações precárias umas coladas às outras. Isto, se fosse permitido, dificultaria bastante a reurbanização indispensável para que a população residente pudesse desfrutar de moradia em condições mais dignas, pois criaria grandes embaraços para o remanejamento da localização das habitações onde tal se fizesse necessário. Nesta hipótese, seria muito mais difícil a obtenção de acordo entre os moradores da área para melhorar as moradias, as condições de saneamento, iluminação e tráfego de pessoas e cargas. Portanto, a reurbanização tinha que ocorrer antes da consolidação da propriedade individual de cada família sobre a porção de terreno que ocupava".[69]

A administração do condomínio é tomada por deliberação da maioria. As deliberações devem respeitar a situação existente no imóvel. A deliberação objetiva a disciplinar o uso das áreas comuns (vielas, praças internas) e outros temas de interesse dos moradores (art. 10, § 5º). Esta redação acolhe proposta de um grupo de técnicos da Emplasa que recebeu a incumbência de apresentar sugestões de aperfeiçoamento ao Projeto de Lei n. 775/1983 e que, segundo ela, incentiva e facilita o encaminhamento e a solução dos problemas pela própria comunidade organizada por (a) deixar à decisão dos moradores a escolha entre a fixação de frações ideais diferenciadas ou iguais para

---

69. Paulo Eduardo Fucci, ob. cit., p. 134.

todos; (b) fazer depender a extinção do condomínio da deliberação de dois terços dos condôminos; e (c) por depender a administração do condomínio da deliberação dos condôminos por maioria de votos.[70] Não há direito de preferência entre os condôminos, sendo livre a alienação de partes ideais a terceiros, ou aos próprios condôminos.

2.2.6 Da concessão de direito real de uso

A concessão de direito real de uso é negócio pelo qual a Administração, gratuita ou de forma onerosa, mediante constituição de direito real de uso, transfere a particular o uso de terreno público para que o utilize em fins específicos de urbanização, industrialização, edificação, cultivo ou qualquer outra exploração de interesse social.

O bem fica vinculado ao fim pelo qual ele foi concedido, de modo que, se houver desvirtuamento desta finalidade, a Administração poderá reavê-lo, conforme determina o art. 7º, § 3º, do Decreto-lei federal n. 271, de 28.2.1967.

A concessão de direito real de uso pode ser outorgada ou por escritura pública ou por termo administrativo inscrito no livro próprio do registro imobiliário, correndo por conta do concessionário, desde a inscrição da concessão de uso, aos encargos civis, administrativos e tributários incidentes sobre o imóvel e suas rendas (art. 7º, §§ 1º e 3º, do Decreto-lei federal n. 271/1967).

2.2.7 Da concessão de uso especial para fins de moradia

O atendimento das funções sociais da cidade e da propriedade urbana contava com o instituto da concessão de uso especial para fins de moradia, previsto no art. 4º, V, "g", e nos arts. 15 a 20 do Estatuto da Cidade.

Os arts. 15 a 20 do Estatuto da Cidade foram, no entanto, vetados. Colhe-se da Mensagem n. 730, de 10 de julho de 2001, que as razões, em síntese, teriam sido as seguintes: a) a expressão "edificação urbana" inserida no *caput* do art. 15 poderia gerar demandas injustificadas do direito de concessão de uso especial por parte de

---

70. Idem, p. 136.

ocupantes de habitações individuais de até 250m² de área edificada em imóvel público; b) os arts. 15 a 20 não ressalvaram do direito à concessão de uso especial os imóveis públicos afetados ao uso comum do povo, como praças e ruas, assim como áreas urbanas de interesse da defesa nacional, da preservação ambiental ou destinadas a obras públicas; c) não foi estabelecida uma data-limite para a aquisição do direito à concessão de uso especial, o que torna permanente um instrumento só justificável pela necessidade de solucionar as ocupações irregulares do passado; d) a não-definição de um prazo para que a Administração Pública processe os pedidos de concessão de direito de uso.

Contudo, a própria mensagem, reconhecendo a importância do instituto, dispunha-se a submeter ao Congresso Nacional um texto normativo que buscasse sanar as imprecisões apontadas, o que acabou ocorrendo com a edição da Medida Provisória n. 2.220, de 4.9.2001 que se encontra ainda hoje em vigor em decorrência do que dispõe o art. 2º da Emenda Constitucional n. 32.

A Medida Provisória n. 2.220/2001, ao cuidar da matéria, disciplinou-a de modo análogo ao disposto nos arts. 15 a 20 do Estatuto da Cidade.

A concessão de uso especial para fins de moradia apresenta-se no referido texto normativo como um direito subjetivo oponível à Administração por via administrativa ou judicial por aquele que, até 30.6.2001, tenha preenchido todos os requisitos exigidos, tais como: a) ser possuidor por cinco anos, ininterruptamente e sem oposição, de imóvel público; b) de até 250 m²; c) localizado em área urbana; d) utilizado para moradia própria ou de sua família; e e) não ser proprietário ou concessionário, a qualquer título, de outro imóvel urbano ou rural.

Maria Sylvia Zanella Di Pietro define-a como "ato administrativo vinculado pelo qual o Poder Público reconhece, gratuitamente, o direito real de uso de imóvel público de até duzentos e cinqüenta metros quadrados àquele que o possui, por cinco anos, ininterruptamente e sem oposição, para sua moradia ou de sua família".[71]

71. "Concessão de uso especial para fins de moradia", in *Estatuto da Cidade, Comentários à Lei Federal 10.257/2001*, p. 165.

Diógenes Gasparini define-a como "ato administrativo ou jurisdicional que outorga, com direito subjetivo, o uso de área pública urbana de até duzentos e cinqüenta metros quadrados ou mais, respectivamente ao possuidor ou à população de baixa renda que até 30 de junho de 2001 detinham-na como sua, por cinco anos ininterruptos e sem oposição, utilizando-a para sua moradia ou de sua família".[72]

O fundamento desses dispositivos repousaria no art. 183, § 1º, da Constituição Federal, embora de maneira oblíqua. Para Maria Sylvia Zanella Di Pietro, "em relação a imóveis privados aplica-se o usucapião previsto no *caput*, com a outorga do *título do domínio*, já que o dispositivo prevê expressamente a aquisição do domínio como direito do possuidor que preencher os requisitos legais; (...) em relação a imóveis públicos aplica-se a concessão de uso, com a outorga do respectivo título de concessão de uso previsto no mesmo § 1º, já que o § 3º expressamente proíbe o usucapião de imóveis públicos".[73]

Tratar-se-ia de direito real e não direito pessoal, por ser direito oponível a terceiros, inclusive à própria Administração.

Esta é a opinião de Maria Sylvia Zanella Di Pietro: "o direito é oponível a terceiros, inclusive à própria Administração não proprietária do bem, já que ela somente pode extinguir o direito nas hipóteses previstas no art. 8º da medida provisória – ou seja, quando o concessionário der ao imóvel destinação diversa da moradia ou quando adquirir a propriedade ou concessão de uso de outro imóvel urbano ou rural. Enquanto tais circunstâncias não ocorrerem o concessionário usufrui de direito oponível *erga omnes*, inclusive à própria pessoa jurídica titular do bem";[74] e de Diógenes Gasparini: "a concessão de uso especial para fins de moradia é direito, tal como constituído, que se abriga entre os direitos reais, muito se parecendo com a concessão de direito real de uso instituída e regulada pelo Decreto-lei federal n. 271/1967, também definida como direito real".[75]

A concessão é gratuita e não-onerosa (art. 1º, § 1º, da Medida Provisória 2.220, de 4.9.2001). De acordo com a lição de Diógenes Gasparini: "nada pode ser cobrado do concessionário pela outorga da

---
72. *O Estatuto da Cidade*, p. 90.
73. "Concessão de uso especial...", p. 156.
74. Idem, ibidem.
75. *O Estatuto da Cidade*, p. 93.

concessão, individual ou coletiva, de uso especial de bem público para fins de moradia. Nenhum valor, por menor que seja, pode ser exigido, como não pode ser exigida a prestação de algum trabalho para o concedente ou para a comunidade. Em qualquer dessas hipóteses haverá violação da regra contida por esse parágrafo. O ato que impuser obrigações desse jaez é nulo e seus efeitos podem ser obstados administrativa ou judicialmente".[76]

O direito ao uso especial para fins de moradia pode ser transferido para imóvel diverso, pela Municipalidade, desde que presentes algumas das hipóteses descritas no art. 5º da referida Medida Provisória: a) tratar-se de imóvel de uso comum do povo; b) tratar-se de imóvel destinado a projeto de urbanização; c) tratar-se de imóvel de interesse da defesa nacional, da preservação ambiental e da proteção dos ecossistemas naturais; d) tratar-se de imóvel reservado à construção de represas e obras congêneres; e) tratar-se de imóvel situado em via de comunicação.

O pedido de concessão de uso especial para fins de moradia deve ser, inicialmente, requerido perante a própria Administração Pública, que terá o prazo máximo de doze meses para proferir decisão (art. 6º, § 1º, da Medida Provisória 2.220/2001). No caso de indeferimento do pedido ou omissão (demora) em apreciá-lo o interessado poderá ingressar no Poder Judiciário.

O direito ao uso especial para fins de moradia pode ser transmitido por ato *inter vivos* ou *causa mortis* (art. 7º, da Medida Provisória 2.220/2001). Observa Maria Sylvia Zanella Di Pietro que "qualquer espécie de alienação é possível, como venda, doação, permuta, desde que o uso se destine à moradia do concessionário e de sua família".[77]

O uso especial para fins de moradia extingue-se quando o concessionário der ao imóvel destinação diversa da moradia ou quando o concessionário adquirir a propriedade ou a concessão de uso de outro imóvel urbano ou rural. A extinção deve ser decretada após regular processo administrativo que assegure ao concessionário amplo direito de defesa.

76. Idem, p. 110.
77. "Concessão de uso especial...", p. 168.

A medida provisória também previu para a população de baixa renda, que habita em área onde não é possível identificar cada um dos terrenos ocupados pelo possuidor, a possibilidade de outorgar a concessão de forma coletiva. Neste caso, haverá a atribuição de fração ideal do terreno a cada possuidor, independentemente da dimensão do terreno ocupada, exceto se houver acordo escrito entre os ocupantes disciplinando a atribuição de frações ideais entre eles.

2.2.8 Direito de superfície

O direito de superfície foi previsto nos arts. 21 a 24 do Estatuto da Cidade (Lei n. 10.257/2001). Trata-se de um instituto que pode revelar-se importante instrumento para o cumprimento da função social da propriedade imobiliária, pois, permitiria a construção ou plantação sem necessidade de aquisição do terreno, portanto com menor ônus para o interessado.

Define-o Diógenes Gasparini: "direito real que o proprietário de um dado imóvel urbano ajusta com o superificiário, mediante contrato por instrumento público, por tempo determinado ou indeterminado, gratuita ou onerosamente, a utilização do solo, do subsolo e do espaço aéreo relativos ao seu terreno".[78]

O direito de superfície cabe somente para o imóvel urbano. Permite o diploma legal utilizar o solo, o subsolo ou o espaço aéreo relativo ao terreno, respeitados o contrato e a legislação urbanística.

2.3 Função social da propriedade rural

A propriedade rural[79] deve realizar, também, uma função social.

---

78. *O Estatuto da Cidade*, p. 116.
79. De acordo com Celso Ribeiro Bastos e Ives Gandra Martins. *Comentários à Constituição do Brasil*, vol. 7, p. 253, "o imóvel rural é o que se encontra topograficamente no campo. Será rural todo aquele que não for urbano conforme definido pelo próprio município, respeitadas as diretrizes gerais em lei da União. É óbvio que se o município se encontra em área urbana, ainda que com destinação agrária, ele não pode ser sujeito da desapropriação própria dos rurícolas. (...) Imóvel rural para os fins desse artigo é o que no campo se encontra. Em outras palavras, as áreas rurais são compostas de imóveis rurais com exclusão das pequenas porções de terra que porventura lhe dêem uma destinação não-agrária. Por isso é muito feliz a expressão

No caso, a propriedade rural cumpre a sua função social quando permite o bem-estar dos proprietários, trabalhadores e respectivas famílias, mantém níveis satisfatórios de produtividade e conserva os recursos naturais (art. 2º, § 1º, do Estatuto da Terra). A propriedade rural deixa de ser meio de gozo e benefício pessoal para pôr-se a serviço dos interesses gerais.

O conteúdo econômico e social da propriedade rural, decorrente da sua função social, foi reproduzido no art. 186, da Constituição Federal, pois, de acordo com este artigo, a propriedade rural cumpre a sua função social quando, simultaneamente, demonstra ter um aproveitamento racional e adequado; utiliza-se adequadamente dos recursos naturais disponíveis e preserva o meio ambiente; observa as disposições que regulam as relações de trabalho; tenha uma exploração que favoreça tanto o bem-estar dos proprietários como o bem-estar dos trabalhadores.

De acordo com a lição de Luís de Lima Stefanni:

"A função social da propriedade da terra é o elemento dinâmico, conectado como meio objetivo pelo qual o prédio rústico, dentro de suas múltiplas tendências de exploração econômica, na qual é vocacionado naturalmente à produção agrobiológica, realiza uma teleologia social, veiculada ao bem comum da sociedade.

"É, pois, dinâmica, em vista das exigências econômicas da sociedade, que se instrumentaliza na força do trabalho e do capital, dirigidos diretamente aos recursos do solo, a fim de que deste se extraiam os elementos indispensáveis ao organismo humano, no complexo da humanidade.

"Portanto é uma função publicista, de ordem jurídico-econômico-social, superior ao desidério privado, extravagante aos fundamentos da ordem jurídica privativa, e agregada essencialmente aos interesses do país."[80]

O não-cumprimento pela propriedade rural de sua função social acarreta como sanção a desapropriação por interesse social para fins

---

de Tupinambá Miguel Castro do Nascimento quando diz que 'imóvel rural é o localizado em zona rural e cuja destinação econômica, efetiva ou potencial, tem agrariedade' (*A ordem econômica e financeira e a nova Constituição*, Aide, p. 102)".
80. *A Propriedade no Direito Agrário*, p. 265.

de reforma agrária (art. 184, da CF), indenizada não em dinheiro, mas em títulos da dívida agrária, com cláusula de preservação do valor real, desde que a propriedade seja considerada de grande extensão e improdutiva.

Esta modalidade de desapropriação é de competência exclusiva da União para promovê-la.[81] O motivo que dá ensejo a este modo de desapropriação é o não-cumprimento pelo imóvel da sua função social prevista no art. 186 da Constituição.

Esta sanção pelo não-cumprimento da função social da propriedade rural não pode incidir sobre a pequena e média propriedade rural, desde que o seu proprietário não possua outra propriedade,[82] nem sobre a propriedade produtiva[83] (CF, art. 185).

O valor da indenização deve atender ao disposto na Lei n. 8.629, de 25.2.1993 e na Lei Complementar n. 76, de 1993, com as alterações da Lei Complementar n. 88, de 23.12.1996, e da Medida Provisória n. 2.183/2001. O art. 12 da Lei n. 8.629, com a redação modificada pela Medida Provisória n. 2.183/2001, considera justa indenização o valor que reflita o valor de mercado do imóvel, observados os seguintes aspectos: localização do imóvel; aptidão agrícola; dimensão do imóvel; área ocupada e idade das posses; funcionalidade, tempo de uso e estado de conservação de benfeitorias.

---

81. Maria Sylvia Zanella Di Pietro, *Direito Administrativo*, p. 158, adverte que a competência é da União somente quando o imóvel rural se destine à reforma agrária, podendo os Estados e Municípios desapropriar imóveis rurais para fins de utilidade pública.

82. Alexandre de Moraes, *Constituição do Brasil Interpretada*, p. 1.894, colaciona ementa do Supremo Tribunal Federal que considera "insusceptível de desapropriação para fins de reforma agrária, a média propriedade rural proveniente de superfície originariamente maior, porém objeto de escritura amigável de divisão, regularmente registrada no registro de imóveis de Comarca, mais de oito anos antes da edição do decreto expropriatório (Constituição, art. 185, I, e Lei n. 8.629/93, art. 42, III, 'a') (STF – Pleno – MS 22.137-BA – rel. Min. Octávio Gallotti, *DJ*, Seção I, 21.6.1996, p. 22.291)".

83. Igualmente, Alexandre de Moraes, ob. cit., p. 1.894, colaciona ementa do Supremo Tribunal Federal que considera que "a propriedade produtiva, independentemente de sua extensão territorial e da circunstância de o seu titular ser, ou não, proprietário de outro imóvel rural, revela-se intangível à ação expropriatória do Poder Público em tema de reforma agrária (CF, art. 185, II), desde que comprovado, de modo inquestionável, pelo impetrante, o grau adequado e suficiente de produtividade fundiária (STF – Pleno – MS 22.022-ES – rel. Min. Celso de Mello)".

Ligados ao tema da função social da propriedade rural, temos os institutos da legitimação de posse, da regularização, da usucapião especial, prevista na Lei n. 6.969, de 10.12.1981, e da usucapião constitucional de área rural.

A legitimação de posse encontra-se prevista no art. 99 do Estatuto da Terra: "Art. 99. A transferência do domínio ao posseiro de terras devolutas federais efetivar-se-á no competente processo administrativo de legitimação de posse, cujos atos e termos obedecerão às normas do Regulamento da presente Lei".

A legitimação objetiva a regularizar a situação de posseiro de área de até 100 hectares de terras devolutas, desde que, pelo trabalho, ele a tenha tornado produtiva.

Este instituto foi idealizado, pela primeira vez, pela Lei de Terras (Lei n. 601, de 18.9.1850) que, em seu art. 5º, estabeleceu que seriam legitimadas as posses mansas e pacíficas, adquiridas por ocupação primária ou havidas do primeiro ocupante, que se achassem cultivadas, ou com princípio de cultura, efetiva morada habitual do respectivo posseiro, ou de quem o representasse.[84]

A Constituição de 1967 previu a legitimação de posse no art. 171 em substituição à usucapião *pro labore* ao prever que "a lei federal disporá sobre as condições de legitimação de posse e de preferência para aquisição, até cem hectares, de terras públicas por aqueles que as tornarem produtivas com o seu trabalho e o de sua família".[85]

Disciplinando o tema, foi promulgada a Lei n. 6.383, de 7.12.1976, nos arts. 29 a 31, que estabeleceu as condições para a legitimação de posse e a preferência para aquisição. Exige-se que o posseiro não seja proprietário de imóvel rural e que comprove morada permanente e cultura efetiva pelo prazo mínimo de 1 (um) ano. Preenchidos estes requisitos, o ocupante de terras devolutas federais terá o direito a uma Licença de Ocupação pelo prazo mínimo de quatro anos e, ao término deste, direito à preferência para aquisição da gleba pelo valor histórico da terra nua, preenchidos os requisitos de morada permanente, cultura efetiva e comprovada a sua capacidade para desenvolver a área ocupada (art. 29, § 3º, da Lei n. 6.383/1976).

---

84. Maria Sylvia Zanella Di Pietro, *Direito Administrativo*, p. 580.
85. Idem, ibidem.

A controvérsia na legitimação de posse reside na natureza da competência do ato de expedir a licença de ocupação provisória e depois a definitiva – discricionária ou vinculada. Para alguns, trata-se de ato de competência discricionária à expedição de licença de ocupação provisória e ato de competência vinculada à expedição de preferência à aquisição do lote. De acordo com Juvenal Boller de Souza Filho: "A maior controvérsia reside na instância do dever jurídico do Estado de legitimar a posse (ocupação) de quem preencha todos os requisitos exigidos para tanto. Entendemos que, até que ocorra a outorga da licença de ocupação, trata-se de uma faculdade do Poder Público; ao menos que determinado ocupante seja preterido – sem razão de direito – no processo de regularização fundiária da localidade. Mas a outorga do título definitivo poderá ser obtida compulsoriamente, uma vez que o atestado de cumprimento das condições da fase provisória poderá ser suprido em instrução processual".[86]

Para Maria Sylvia Zanella Di Pietro, cuida-se de ato de competência vinculada e não discricionária, de modo que a licença não pode ser negada se o ocupante preencheu todos os requisitos exigidos.

Diz a referida autora:

"O título de legitimação de posse, denominado, pela lei, de *licença de ocupação*, recebeu, nesse caso, correta denominação, uma vez que o Poder Público fica obrigado a emiti-lo quando o ocupante comprove os requisitos exigidos pelo art. 29, a saber: que se trata de terra pública até 100 hectares; que essa terra é objeto de morada permanente e cultura efetiva pelo prazo mínimo de um ano; que o trabalho de cultura da terra era exercido pelo ocupante e por sua família.

"Comprovados esses requisitos, o ocupante tem direito subjetivo à legitimação de posse, podendo exigir a expedição da licença de ocupação."[87]

Nem mesmo o cancelamento da licença por motivo de interesse público, previsto no art. 31, seria suficiente para considerar precária a utilização. De acordo com Maria Sylvia Zanella Di Pietro: "Embora o art. 31 preveja a possibilidade de cancelamento por motivo de

---

86. "Instrumentos jurídicos de uso e alienação de terras públicas", in *Direito Agrário Brasileiro*, coordenado por Raymundo Laranjeira, p. 47.
87. *Uso Privativo de Bem Público por Particular*, p. 120.

interesse público, não se pode considerar como precária a utilização assim exercida; o ocupante, uma vez obtendo a licença, passa a ser titular de direito subjetivo de natureza pública; o uso privativo que exerce sobre o imóvel caracteriza uma situação de posse legítima para fins de proteção pelos interditos possessórios e se não tem efeitos *ad usucapionem*, confere a seu titular preferência para aquisição do imóvel depois de transcorrido o tempo estabelecido".[88]

Os ocupantes de terras devolutas com área superior a 100 (cem) hectares estão sujeitos não à legitimação de posse, mas à sua regularização.

A usucapião especial, prevista na Lei n. 6.969/1981, no art. 2º, abrangia as terras particulares e as terras devolutas, desde que o possuidor, não sendo proprietário rural nem urbano, possuísse como sua, por 5 (cinco) anos ininterruptos, sem oposição, área rural contínua, não excedente a 25 (vinte e cinco) hectares e a houvesse tornado produtiva com seu trabalho, nela tendo sua morada.

Com a promulgação e publicação da Constituição Federal de 1988 entendeu-se que restou proibida, no ordenamento jurídico, a usucapião de terras devolutas, pois, dada a característica delas de terras públicas não haveria mais a possibilidade de serem usucapidas, ante o teor do art. 191, parágrafo único, da Constituição Federal que preceitua: "Os imóveis públicos não serão adquiridos por usucapião".

Resiste a este entendimento, no entanto, Celso Ribeiro Bastos. Ele, apesar de considerar públicas as terras devolutas sob o aspecto da titularidade, afirma que as terras devolutas não têm essa qualificação quando se leva em conta o destino a que estão ligadas. E, ademais, o art. 188 da Constituição Federal teria feito, no mesmo preceito, referência tanto às terras públicas como às terras devolutas, dando a entender ter acolhido uma distinção entre elas, o que justificaria o posicionamento de que, não obstante um imóvel ser público, por compor o domínio de uma pessoa de direito público, nada impede que ele possa ser dominical do ponto de vista de sua destinação ou utilização, o que o tornaria usucapível. Diz o referido autor: "Os bens públicos são aqueles que pertencem ao domínio das pessoas jurídicas de direito público. No entanto, nem todos esses bens estão sujeitos a

88. Idem, p. 121.

um regime também de direito público. Pertencem ao domínio público em que, contudo, se sujeitem às regras jurídicas a que estão normalmente submetidos os bens públicos na plena acepção da palavra. As terras devolutas constituem o maior contingente que compõe essa categoria de imóveis. Nada obstante serem públicas em razão da qualidade que detém a sua titularidade, não têm essa qualificação quando se leva em conta a destinação a que estão afetas. As terras devolutas não estão vinculadas ao atingimento de um fim público. Permanecem como um estoque de terras ainda não transpassado aos particulares ou, tendo um dia estado em suas mãos, já tornaram à origem em razão do donatário ter caído em comisso. O fato é que estas terras são possuídas pelos Poderes Públicos à moda de um particular. Devem, portanto, estar sujeitas ao usucapião, não colhidas, pois, pela expressão 'imóveis públicos' a que se refere o Texto Comentado. Esta distinção entre os bens públicos e as terras devolutas já era defendida por autores de grande tomo do nosso direito público. A matéria, contudo, em face do advento da atual Constituição, parece ter-se desapegado das areias movediças dos debates doutrinários para ingressar na arena segura da positivação jurídica. Assim é que o art. 188 da Lei Maior faz referência no mesmo preceito às terras públicas e às terras devolutas, deixando certo que acolheu a distinção esposada cientificamente. Se as terras devolutas fossem públicas, não haveria necessidade da sua referência. Essa só se explica pelo fato de o Texto Constitucional ter perfilhado a tese segundo a qual só são públicos os imóveis quando sujeitos a um regime de direito público. Portanto, é forçoso reconhecer que, nada obstante um imóvel ser público por compor o domínio de uma pessoa de direito público, ele pode ser dominical do ponto de vista da sua destinação ou utilização. Esses são usucapíveis".[89]

José Carlos de Moraes Salles, com amparo nas lições de Hely Lopes Meirelles, Celso Antônio Bandeira de Mello, Diógenes Gasparini e Maria Sylvia Zanella Di Pietro, entende que as terras devolutas são espécies do gênero bens públicos. O referido autor contesta o raciocínio de que as terras devolutas, integrando a categoria dos bens dominiais ou dominicais, seriam usucapíveis, sob o ângulo de sua destinação, invocando a seu favor o enunciado da Súmula 340 do

89. *Comentários à Constituição do Brasil*, pp. 239-240.

STF e, portanto, chegando à conclusão de que a partir da promulgação da Constituição de 1988 não haveria a usucapião especial rural sobre terras devolutas rurais.

Diz o referido autor: "Não resta, portanto, a menor dúvida de que as *terras devolutas, bens públicos patrimoniais* na definição de Hely Lopes Meirelles anteriormente transcrita (bens *dominicais*, conforme o mesmo autor e obra citados, p. 424), não podem ser objeto de usucapião, até porque, atualmente, não só por entendimento consagrado na Súmula 340 do Pretório Excelso mas e principalmente em virtude de normas expressas da Constituição de 1988 (§ 3º do art. 183 e parágrafo único do art. 191), 'os imóveis públicos não serão adquiridos por usucapião'".[90]

2.3.1 Usucapião constitucional

O art. 191 da Constituição Federal, por sua vez, prevê a usucapião constitucional ou *pro labore* em favor da pessoa que, não sendo proprietária de imóvel rural ou urbano, possua como seu, por cinco anos ininterruptos, sem oposição, área de terra, em zona rural, não superior a 50 hectares, tornando-a produtiva por seu trabalho ou de sua família e nela tendo a sua moradia.

A usucapião especial rural, *pro labore*, ou ainda, a usucapião agrária, foi disciplinada, pela primeira vez, no art. 125 da Constituição Federal de 1934, que a admitiu para área não superior a dez hectares. A Constituição de 1937, no art. 148, repetiu, praticamente, o teor do citado art. 125 da Constituição Federal de 1934. A extensão da área foi ampliada de dez hectares para vinte e cinco hectares na Constituição de 1946, art. 156, § 3º, e de vinte e cinco hectares para cem hectares com a Emenda Constitucional n. 10, de 9.11.1964 e, agora, reduzida para cinqüenta hectares por força do art. 191 da Constituição Federal de 1988.[91]

Exige-se para esta modalidade de prescrição aquisitiva que o prescribente não seja proprietário de outro imóvel rural ou urbano, durante o período de cinco anos fixado pelo art. 191 da Constituição

---

90. *Usucapião de Bens Imóveis e Móveis*, p. 280.
91. José Carlos de Moraes Salles, ob. cit., p. 251.

Federal. De acordo com Celso Ribeiro Bastos, a condição de não-proprietário acompanha o prescribente durante todo o período aquisitivo.[92]

O prescribente deve tornar a área rural, sob a sua posse, produtiva. A área de terra deve estar situada em zona rural e não deve ser superior a cinqüenta hectares.

José Carlos de Moraes Salles externa a opinião de que não cabe a usucapião especial rural no caso de a posse recair sobre área rural superior a cinqüenta hectares:

"Entendemos não ser possível ao prescribente, que exercer posse sobre área rural superior a cinqüenta hectares, pretender usucapir área igual ou menor que a do limite imposto pelo art. 191 da Constituição, fazendo-o com fundamento nesta norma.

"Repetindo o que então dissemos, cumpre-nos afirmar que, se isso fosse possível, consagrada estaria a burla ao dispositivo constitucional em exame, porque bastaria ao prescribente instalar-se em área maior que a prevista no referido artigo, esperar o decurso do tempo (cinco anos) e preencher os demais requisitos previstos na aludida norma, para, posteriormente, contornar o preceito constitucional, reduzindo suas pretensões a área igual ou inferior a cinqüenta hectares.

"A burla se caracterizaria, especialmente, sob o aspecto de que o proprietário 'dormidor', atento à circunstância de que o usucapião só se consubstanciaria em prazo maior (...), poderia ter deixado a adoção de providências tendentes à recuperação de seu imóvel para ocasião mais oportuna, dentro daquele prazo maior, vindo a ser surpreendido, entretanto, pelo *usucapião especial rural* do art. 191 da Lei Maior, cujo reconhecimento seria pleiteado pelo prescribente em prazo menor (cinco anos), sobre área igual ou menor que a estabelecida no dispositivo constitucional, situada dentro da área maior inicialmente ocupada e possuída."[93]

Contra esta posição a opinião de Celso Ribeiro Bastos, para quem pode ocorrer a usucapião especial mesmo que a área cultivada seja maior do que os cinqüenta hectares fixados pela Constituição,

---

92. *Comentários à Constituição do Brasil*, p. 342.
93. José Carlos de Moraes Salles, ob. cit., pp. 252-253.

pois, não há porque apenar aquele que pelo seu zelo conseguiu laborar gleba de terra maior do que a passível de usucapião especial.[94]

O prescribente deve morar na área rural usucapienda e torná-la produtiva por seu trabalho ou de sua família para adquiri-la. Pequenas ausências do prescribente são insuficientes para descaracterizar a sua posse.[95] O que poderia obstaculizar a aquisição da propriedade seria uma ausência prolongada, além do normal, da área usucapienda, que, assim, estaria entregue a prepostos e com a pessoalidade da posse descaracterizada.[96]

3. Conclusões do capítulo

A propriedade, enquanto direito típico de uma sociedade capitalista, está vocacionada, em nosso ordenamento jurídico, por força de mandamentos constitucionais previstos expressamente nos arts. 5º, XXIII, 170, III, 182, § 2º, 184, 185, parágrafo único, e 186, I ao IV, a atender a uma função social.

Esta – a função social – é instrumento de realização de valores acolhidos no texto constitucional, tais como, a solidariedade, a dignidade da pessoa humana, a valorização do trabalho, a proteção ao meio ambiente, a ordenação do espaço urbano.

Procurando concretizar o princípio da função social da propriedade, a Constituição e a legislação infraconstitucional disciplinaram diversos institutos relacionados com o citado princípio, tais como: a) a usucapião urbana e rural; b) a função social das cidades e respectivas sanções previstas no Estatuto da Cidade no caso de incumprimento da função social das cidades, como o parcelamento e edificação compulsórios, a tributação progressiva do IPTU, a desapropriação-sanção, além de outros institutos previstos no Estatuto da Cidade para minorar os problemas de moradia nos grandes centros urbanos, como o direito real à moradia; c) a função social da propriedade rural e respectiva sanção, como a desapropriação para fins de reforma agrária.

94. Celso Ribeiro Bastos, ob. cit., p. 347.
95. José Carlos de Moraes Salles, ob. cit., p. 256; Celso Ribeiro Bastos, ob. cit., p. 346.
96. José Carlos de Moraes Salles, ob. cit., p. 256.

Entretanto, os institutos jurídicos acima estudados não esgotam o potencial de eficácia do princípio da função social da propriedade, enquanto valor acolhido no ordenamento jurídico, sendo possível a jurisprudência atualizar-lhe o sentido e fazer incidir, no caso concreto, o princípio da função social em situações não pensadas pelo legislador, mas que revelam um uso da propriedade contrário ao fim social. Quer-se com isso afirmar que o princípio da função social da propriedade encontra-se no sistema como um princípio que pode ser atualizado com novos conteúdos sempre que isso se mostrar útil e relevante à concretização de outros princípios a que ele serve, como os princípios da socialidade e da dignidade humana.

Resta, agora, estabelecer, no próximo e derradeiro capítulo, se o princípio da função social da propriedade aplica-se, também, à propriedade pública e quais as conseqüências desta aplicação.

Capítulo III
FUNÇÃO SOCIAL DA PROPRIEDADE PÚBLICA

1. Considerações gerais. 2. Função social dos bens de uso comum. 3. Função social dos bens de uso especial. 4. Função social dos bens dominicais. 5. Conclusões do capítulo.

1. Considerações gerais

Os bens públicos estariam submetidos a uma função social? Ao lado da função social inerente em razão do fim público a que se destinam, presente, sobretudo, nos bens de uso comum e nos bens de uso especial, cabe indagar se os bens de uso comum, de uso especial e os bens dominicais estariam obrigados, em razão de interpretação do texto constitucional, a atender a função social inerente aos bens que integram o domínio privado. Em outras palavras, os bens públicos devem observar também o conjunto de normas que derivam da compreensão da função social da propriedade, como o respeito às normas urbanísticas e ambientais; as normas relativas à função social das cidades; a predominância da posse?

Angel M. Lopez y Lopez sustenta a princípio que não. Ele mostra-se, num primeiro momento, contrário à função social dos bens públicos. Para ele não se pode falar de função social dos bens públicos. A função social, propriamente dita, teria surgido como modo de tornar compatível o direito de propriedade dos particulares com as exigências sociais que predicam a incorporação de deveres ao direito de propriedade sem que ocorra, no entanto, o desaparecimento do desfrute *uti dominus* dos bens privados. Diz o citado autor: "la función ción social propiamente dicha ha surgido precisamente como una categoría de mediación entre el reconocimiento de un ámbito de derecho de los particulares, y las exigencias sociales, que predican la incorporación a aquél de elementos de deber, que prefiguran su contenido, pero no hacen desaparecer el disfrute *uti dominus* de los privados. Nada de eso caracteriza la función de los bienes demaniales, que sólo como artificio del lenguaje, de nuevo con acentuado nominalismo, cabría llamar función social".[1]

O papel da função social seria o de conformar o uso privado dos bens com as exigências sociais que reclamam uma distribuição mais justa dos bens existentes para satisfazer as necessidades humanas, incidindo a função social, portanto, tão-somente sobre os bens privados e não sobre os bens públicos.

Além disso, o regime jurídico positivado do domínio público não se compadeceria com as reações frente ao incumprimento de uma hipotética função social, *v.g.*, como a desapropriação. Sustenta o referido autor: "Se ha de añadir, y ello es lógica conclusión del planteamiento general anterior, que el régimen jurídico-positivo del dominio público mal se compadecería con las reacciones frente al incumplimiento de una hipotética función social, *stricto sensu*, que gravara por hipótesis a un bien de dominio público: piénsese, y bordeamos el absurdo, en la consecuencia cuando la sanción (en una acepción amplia de la palabra) por incumplimiento de la función fuera la expropiación forzosa".[2]

Portanto, para ele, as sanções previstas no caso de não-cumprimento da função social dos bens privados seriam inoperantes em relação aos bens públicos, por força do disposto no próprio sistema jurídico.

Entretanto, o citado autor, alterando o seu posicionamento inicial, admite a submissão dos bens patrimoniais do Estado à função social em razão de o regime jurídico destes bens aproximar-se do regime jurídico da propriedade privada, não obstante, o regime privado destes bens sofra importantes derrogações, porque a gestão deles, em última instância, é presidida pelo princípio do interesse público que, por definição, informa toda atuação de um ente público.

Sustenta Angel M. Lopez y Lopez: "En efecto, aunque los bienes patrimoniales tienen la consideración de propiedad privada, el régi-

---

1. *La Disciplina Constitucional de la Propiedad Privada*, p. 82.
2. Idem, p. 83.

men común de ésta sufre importantes derogaciones y exclusiones de las normas del C.C. (fundamentalmente por la Ley del Patrimonio del Estado), porque en su gestión, en última instancia, está también presente el principio de interés general que, por definición, preside toda actuación de un ente público, sea cual sea el terreno en que lo haga, y los instrumentos que utilice. Así, su regulación se distancia de la de la propiedad privada, adquiriendo un relieve importante, que se manifiesta desde la configuración interna con carácter de procedimiento administrativo de la voluntad del ente público en los negocios jurídico-privados de esta adquisición, a su inembargabilidad y requisitos para la enajenación, pasando por las facultades exorbitantes en orden al deslinde, la recuperación de oficio, o la disciplina de su utilización, bien por sí, bien por tercero, público o privado".[3]

Logo, o critério do regular ou irregular exercício do direito de propriedade dos bens públicos, inclusive os bens patrimoniais, é o adequado atendimento dos fins públicos, que sempre devemos supor presente; não é possível pensar em um domínio privado dos entes públicos com objetivos puramente privados por isto significar uma contradição.

Tal premissa não representa, no entanto, a exclusão da incidência do princípio da função social do campo dos bens públicos, mas a necessidade de valorar preventivamente os fins da propriedade pública dos bens patrimoniais, antes de vincular tais bens ao princípio da função social.

Diz Angel M. Lopez y Lopez: "Ahora bien, todo esto no significa la exclusión del principio de la función social; significa cosa muy distinta: la necesidad de una valoración preventiva de los fines de la propiedad pública de los bienes patrimoniales antes de determinar su vinculación al principio ex artículo 33.2 C.E.".[4]

Para o referido autor, na medida em que os fins dos bens públicos não entrem em conflito com o princípio da função social, cabe exigir dos entes públicos que acomodem a utilização de seus bens de domínio privado aos parâmetros da função social, mormente quando, através do exercício do direito de propriedade dos bens patrimoniais, o ente público desempenhe uma atividade pura e exclusiva de obten-

3. Idem, p. 84.
4. Idem, p. 85.

ção de rendas: "En la medida en que aquellos fines no resultan contradichos, cabe exigir de los entes públicos que acomoden la utilización de sus bienes de dominio privado a los parámetros de la función social. Esta exigencia será ineludible cuando, a través del ejercicio del derecho de propiedad de los bienes patrimoniales, el ente público desempeñe una actividad que vaya encaminada pura y exclusivamente a la obtención de rentas; no parece que en casos como éste, y todos aquellos en que el fin inmediato del ejercicio de la propiedad sea idéntico al que tendría un particular, se pueda exonerar a los bienes patrimoniales de los deberes de la función social".[5]

Maria Sylvia Zanella Di Pietro também tratou do tema relativo ao princípio da função social dos bens públicos lembrando, no que tange à propriedade pública, que "jamais se cogitou de a ela estender-se o princípio da função social, pois quando este começou a aplicar-se à propriedade privada, na Constituição de Weimar de 1919, já estava em pleno desenvolvimento a concepção doutrinária que atribui os bens públicos à titularidade das pessoas jurídicas estatais, sem prejuízo da finalidade pública que lhes é inerente".[6]

Em outra passagem do texto, a citada autora lembra que a idéia de uma função social inerente aos bens do domínio público talvez seja a explicação para o silêncio da doutrina a respeito da função social da propriedade pública: "Talvez fosse pensando nessa modalidade de bens que Jambrenghi (1979, pp. 6-7, nota 7) afirmou que, à diferença da propriedade privada, 'a propriedade pública *é* e não *tem* função social'. Embora a frase possa reconduzir à idéia hoje superada de que o Estado não exerce direito de propriedade sobre os bens públicos, ela merece ser lembrada, não apenas para destacar a *função social* como inerente aos bens do domínio público, como também para explicar o silêncio dos doutrinadores quanto à aplicação desse princípio em relação ao patrimônio imobiliário do Estado".[7]

A nosso ver, os bens públicos também estão submetidos ao cumprimento de uma função social, pois servem de instrumento para a realização, pela Administração Pública, dos fins a que está obrigada.

5. Idem, ibidem.
6. "A gestão jurídica do patrimônio imobiliário do Poder Público", *Cadernos Fundap*, n. 17, p. 57.
7. Idem, p. 58.

Os bens públicos estão predestinados a atender a fins públicos e não a fins particulares, o que não passou despercebido pela doutrina brasileira. Nesse sentido a lição de José Cretella Júnior: "O traço que distingue, entre nós, os bens do domínio público e os bens dominicais é que ambos participam da atividade da administração pública, que não se vincula a elementos volitivos, mas a um fim. O fim público é, pois, atributo específico dos bens públicos. Nisso diferem dos bens privados, que servem a uma vontade particular".[8]

Esta passagem é rica em pensamentos.

Ela indica que os bens servem de meios à consecução de fins públicos e, portanto, a Administração não pode dispor dos bens de acordo com a sua vontade, mas sim, está obrigada a usá-los de modo a privilegiar o atendimento aos fins públicos previstos em lei.

A idéia acima afasta a possibilidade de estabelecer-se uma identidade de regime jurídico entre o domínio privado e o domínio público, por existirem entre eles distinções relacionadas ao fim do exercício do direito. O domínio privado tem como objetivo satisfazer à vontade do titular do direito, logo o exercício se daria, como regra, em seu exclusivo interesse, enquanto o domínio público tem por fim satisfazer ao interesse público, no caso, o de proporcionar certas utilidades aos particulares.

Diogo Freitas do Amaral acolhe esta distinção ao referir-se a poderes de autoridade e não a poderes de proprietário quando discorre sobre o domínio público. Diz o citado autor: "entende-se geralmente na doutrina portuguesa que a expressão∙ domínio público significa tanto uma certa categoria de coisas, como os poderes da Administração sobre elas".[9] Em outra passagem do texto, afirma: "ou, enfim, quando o público em geral usa as coisas que formam o que de há muito se designa por domínio público – do que sempre se trata, em qualquer caso, é de a Administração pública exercer sobre essas coisas poderes de autoridade, a fim de proporcionar aos particulares certas utilidades que elas são capazes de prestar".[10]

Assim, o domínio público distinguir-se-ia do domínio privado justamente por obrigar o titular do domínio público a proporcionar

---

8. *Dos Bens Públicos...*, p. 313.
9. *A Utilização do Domínio Público pelos Particulares*, p. 13.
10. Idem, p. 12.

certas utilidades, diretas ou indiretas, aos particulares, e não por um atuar no exclusivo interesse do titular do direito. Deste modo, a relação jurídica entretida entre a pessoa de direito público e o bem público é relação com fim diverso da relação entretida entre o particular e o bem particular, disciplinada pelo direito privado, justamente porque o bem, objeto da relação jurídica de domínio público, serve a um fim público.

Daí a importância da idéia, acima citada, de os bens do domínio público e os bens dominicais se não vincularem a uma vontade, mas a um fim. Neste tópico, a sujeição da Administração ao atendimento de um fim legal marca de tal modo todo o conteúdo da função administrativa, que projeta efeitos sobre a relação jurídica de domínio, transformando-a.

Cuida-se do destino da atividade administrativa: a de estar marcada pelo fim, bem realçado por Ruy Cirne Lima: "a relação de administração é relação jurídica que se estrutura ao influxo de uma finalidade cogente".[11] "Na administração, o dever e a finalidade são predominantes, no domínio, a vontade".[12] "A Administração é a atividade do que não é senhor absoluto".[13] "A relação de administração somente se nos depara, no plano das relações jurídicas, quando a finalidade a que a atividade de administração se propõe nos aparece defendida e protegida, pela ordem jurídica, contra o próprio agente e contra terceiros".[14]

Deve ser observado, no entanto, que a distância entre o domínio público e o domínio privado já foi maior. A aproximação deu-se justamente por força do princípio da função social da propriedade, que condicionou o exercício egoísta do domínio privado fazendo com que também atenda aos fins sociais.

Resta saber, entretanto, se a finalidade obrigatória que informa o domínio público seria suficiente para: (a) imunizar a propriedade pública dos efeitos decorrentes da concepção acerca da função social da propriedade e dos efeitos por ela projetados no exercício da relação jurídica de propriedade; (b) limitar a incidência dos efeitos decor-

11. *Princípios de Direito Administrativo*, p. 63.
12. Idem, p. 54.
13. Idem, p. 21.
14. Idem, p. 54.

rentes da função social da propriedade a certas categorias de bens, como os bens dominiais, a exemplo do que pretende Angel M. Lopez y Lopez; ou se (c) pelo contrário, a finalidade que informa a propriedade pública se não mostra incompatível com a função social da propriedade, dela recebendo, portanto, influência.

Para nós, a finalidade cogente informadora do domínio público não resulta na imunização dos efeitos emanados do princípio da função social da propriedade, previsto no texto constitucional. Acreditamos que a função social da propriedade é princípio constitucional que incide sobre toda e qualquer relação jurídica de domínio, pública ou privada, não obstante reconheçamos ter havido um desenvolvimento maior dos efeitos do princípio da função social no âmbito do instituto da propriedade privada, justamente em razão do fato de o domínio público, desde a sua existência, e, agora, com maior intensidade, estar, de um modo ou de outro, voltado sempre ao cumprimento de fins sociais, pois, como visto, marcado pelo fim de permitir à coletividade o gozo de certas utilidades.

Afirmamos que o princípio da função social da propriedade ganhou contornos nítidos no ordenamento jurídico e que os seus efeitos incidem, também, sobre o domínio público, embora, às vezes, haja a necessidade de harmonizar o princípio da função social com outros princípios e com o interesse público.

Acreditamos ser útil a classificação dos bens em uso comum, uso especial e dominical por estabelecer diversidade de regimes jurídicos que resultam em modos distintos de incidência e aplicação do princípio da função social da propriedade aos bens públicos, embora não neguemos a possibilidade da incidência do princípio da função social a todas as categorias de bens públicos.

Desta forma, negamos à finalidade obrigatória que preside os bens públicos o efeito de imunizar a propriedade pública das conseqüências decorrentes da concepção acerca da função social da propriedade e não limitamos a projeção dos efeitos decorrentes da função social da propriedade a certas categorias de bens públicos, como os bens dominicais.

Pelo contrário, admitimos que a finalidade que informa a propriedade pública se não mostra incompatível com a função social da propriedade, dela recebendo, portanto, influência.

Cabe-nos agora, portanto, analisar e demonstrar a incidência do princípio da função social da propriedade no regime jurídico de cada modalidade dos bens públicos.

2. Função social dos bens de uso comum

Embora reconheçamos uma identidade de regime entre os bens de uso comum e os bens de uso especial, e a aplicação recíproca de casos de função social em uma e outra modalidade de bens, preferimos, por questões didáticas, distinguir o assunto, tratando de forma destacada da função social dos bens de uso comum e da função social dos bens de uso especial.

Os bens de uso comum são os que podem ser utilizados por qualquer do povo. Diogo Freitas do Amaral define-os como "o modo de utilização do domínio que, sendo conforme ao destino principal da coisa pública sobre que se exerce, é declarado lícito pela lei para todos, ou para uma categoria genericamente delimitada de particulares".[15]

Maria Sylvia Zanella Di Pietro aponta como características básicas do uso comum: a) o fato de poder ser exercido por todos ou por uma coletividade de pessoas, anonimamente, em igualdade de condições, sem necessidade de consentimento expresso e individualizado por parte da Administração; b) ser, em geral, gratuito, sem que, no entanto, excepcionalmente, possa ser remunerado, sem que isto desnature o uso comum; c) estar sujeito ao poder de polícia do Estado com o duplo objetivo de conservação da coisa pública e proteção do usuário; d) não ter, em regra, natureza de direito subjetivo.[16]

A generalidade apresenta-se como uma das principais características do uso comum, embora admita-se a imposição de restrições que decorram da lei ou do próprio destino jurídico dado ao bem,[17] como no caso em que motos e automóveis são proibidos de circular em uma praia embora isto seja naturalmente possível.

A igualdade é outra característica. O uso comum é assegurado em igualdade de condições àqueles que genericamente possam utili-

---

15. *A Utilização do Domínio Público...*, p. 76.
16. *Uso Privativo de Bem Público...*, pp. 10-11.
17. Diogo Freitas do Amaral, ob. cit., p. 76.

zá-los. Dela decorre a regra de precedência que resolve eventual conflito de interesses. O bem que não comporte utilização simultânea de pessoas pode ser usado pelo primeiro que o ocupar.[18]

O uso gratuito marca, em princípio, o regime jurídico do uso do bem comum, embora possível a cobrança de taxas quando a utilização representa para o utente uma vantagem especial, diversa da atribuída à generalidade das pessoas.[19]

Podemos citar, como exemplo de bens de uso comum, as vias públicas, os bens hídricos como o mar, os rios e lagos públicos, as margens dos rios públicos.

O que disciplina a utilização do uso desses bens é o uso transitório, precário e não impeditivo do uso dos demais. Como diz Celso Antônio Bandeira de Mello, "Importa fixar, de logo, que os bens de uso comum, como o nome indica, fundamentalmente servem para serem utilizados *indistintamente por quaisquer sujeitos, em concorrência igualitária e harmoniosa com os demais, de acordo com o destino do bem e condições que não lhe causem uma sobrecarga invulgar*. Este é o seu uso comum".[20]

Os bens de uso comum cumprem função social quando se permite o desfrute deles, individualmente, de modo igualitário, por todos os membros da coletividade, sem distinção entre nacionais ou estrangeiros, e independentemente de qualquer ato prévio da administração que o deva autorizar. De acordo com Celso Antônio Bandeira de Mello: "Donde, para esta utilização *comum, ordinária e correspondente à própria destinação que têm* (por exemplo, transitar por uma rua, sentar-se nos bancos de uma praça, tomar sol em uma praia, nadar no mar) *prescinde-se de qualquer ato administrativo que o faculte ou do dever de comunicar previamente à autoridade a intenção de utilizá-los*".[21]

"O uso especial dos bens de uso comum caracteriza-se por implicar (a) em sobrecarga do bem, transtorno ou impedimento para a concorrente e igualitária utilização de terceiros ou (b) por demandar o desfrute de uma exclusividade no uso sobre parte do bem e (c) por

18. Idem, p. 78.
19. Idem, p. 100; José Canasi, *Derecho Administrativo*, vol. 1, p. 855.
20. *Curso de Direito Administrativo*, p. 850.
21. Idem, p. 851.

exigir indispensável e prévia manifestação administrativa no sentido de concordar com o uso ou vetá-lo."[22]

Assim, a função social dos bens de uso comum confunde-se, num primeiro momento, com o destino aceito e previsto no ordenamento jurídico para os bens de uso comum e com a possibilidade de uso privativo[23] destes bens pelos particulares, desde que o uso privativo seja compatível com o interesse público.

Afirma Maria Sylvia Zanella Di Pietro:

"Quanto aos bens de uso comum do povo e de uso especial, pode-se, pois, dizer que desempenham, em decorrência de sua afetação, uma função social que lhes é inerente; no entanto, essa afetação não impede que se amplie a sua função, assegurando-se aos administrados possibilidade de utilização privativa que, além de compatível com a destinação do bem, não contrarie o interesse público.

"Na introdução de nossa tese sobre *Uso Privativo de Bem Público por Particular*, salientamos que os bens públicos, precisamente pela função social que desempenham, devem ser disciplinados de tal forma que permitam proporcionar o máximo de benefícios à coletividade, podendo desdobrar-se em tantas modalidades de uso quantas forem compatíveis com a destinação e a conservação do bem."[24]

Não obstante, é possível vislumbrar outros efeitos da incidência do princípio da função social nos bens de uso comum, que não decorram da própria finalidade destes bens. Refiro-me, por exemplo, aos casos de ocupação irregular, por famílias pobres, de áreas localizadas

22. Maria Silvia Zanella Di Pietro, *Direito Administrativo*, p. 569; Celso Antônio Bandeira de Mello, *Curso de Direito Administrativo*, pp. 850 e ss.
23. Maria Silvia Zanella Di Pietro, *Direito Administrativo*, p. 586:
"Uso privativo, que alguns denominam de uso especial, é o que a Administração Pública confere, mediante título jurídico individual, a pessoa ou grupo de pessoas determinadas, para que o exerçam, com exclusividade, sobre parcela de bem público.
"Pode ser outorgado a pessoas físicas ou jurídicas, públicas ou privadas, pois nada impede que um ente público consinta que outro se utilize privativamente do bem público integrado em seu patrimônio.
"O conteúdo do uso privativo é variável, podendo comportar faculdade de ocupação (como a instalação de bancas na calçada), poderes de transformação (construção de vestiários na praia) ou até poderes de disposição de uma parte da matéria (aproveitamento das águas públicas ou extração de areia)."
24. "A gestão jurídica do patrimônio imobiliário do Poder Público", cit., p. 58.

em lotes cujo destino é o de servir de espaços livres de uso público, como praças, e que com o registro do loteamento passam a integrar o domínio municipal (art. 22 da Lei n. 6.766, de 19.12.1979). Nesta situação, qual solução atende melhor ao princípio da função social? A manutenção da área como praça e o desalojamento dos moradores? Ou a permanência dos moradores na área considerada de uso comum, regularizando-lhes a situação?

A Medida Provisória n. 2.220, de 4.12.2001, que dispôs acerca da concessão de uso especial, ato emanado do Poder Público titular do imóvel, que atribui, em caráter vitalício, o direito a moradia em imóvel público, de até 250 m², presentes certos requisitos, facultou ao Poder Público transferir o exercício do referido direito para outro imóvel, se o imóvel, originariamente usado para fins de moradia, for considerado de uso comum do povo (art. 5º, I, da Medida Provisória n. 2.220/2001).

A faculdade concedida ao Poder Público apresenta-se como ato de exercício de competência discricionária e não ato de exercício de competência vinculada, o que indica que, a critério da Administração, segundo o seu juízo de conveniência e oportunidade, o conflito de interesses instaurado entre o uso comum e o uso privativo de bem comum pode resolver-se em favor do uso privativo. E mais, mesmo que a Administração decida pela não-concessão do uso naquela área, deverá permiti-la em outra, o que significa que, no caso, embora em local distinto, ao particular foi reconhecido o direito à moradia e, portanto, no confronto entre o interesse público e o interesse supostamente privado prevaleceu o interesse público, sem descuidar-se, no entanto, do interesse privado.

Há, aqui, a incidência do princípio da função social da propriedade a conformar os bens de uso comum, pois, embora se admita, desde há muito, possa o Poder Público outorgar uso privativo sobre os bens públicos, o fato é que o fez, sempre, em regra, no exercício de competência discricionária,[25] enquanto agora o particular, que tiver preenchido os requisitos legais, se investe em um direito subjetivo contra a Administração que lhe assegura a pretensão de exigir, ainda que em outro local, o direito de morar em imóvel público.

25. Diogo Freitas do Amaral, ob. cit., p. 77.

Contudo, a questão posta por nós propõe extrapolar estes limites. A indagação seria a seguinte: pode o princípio da função social justificar a permanência dos ocupantes em área pública, mesmo que eles não tenham o direito ao denominado direito real de moradia? Entendemos que sim, com apoio em dupla perspectiva.

Na primeira, haveria a suspensão ou rejeição da pretensão reintegratória do Poder Público relativa a bem de uso comum em consideração a outros interesses juridicamente relevantes envolvidos e relacionados com o exercício do direito de propriedade de acordo com o princípio da função social.

Na segunda, haveria a rejeição da pretensão reivindicatória do Poder Público.

Com relação à primeira perspectiva, valho-me de recente decisão proferida no Agravo de Instrumento 335.347-5/00, em que o E. Tribunal negou pretensão da Prefeitura Municipal de São Paulo em reaver determinado bem ante a condição dos ocupantes do imóvel. Diz a ementa do referido julgado da lavra do E. Desembargador relator do caso, Rui Stoco: "Agravo de Instrumento – Reintegração de posse. Insurgência do Município de São Paulo contra a determinação do Juízo de Origem, que condicionou sejam adotados, pelo exeqüente, os meios necessários para abrigar as crianças deficientes e portadoras de Síndrome de Down, que estão alojadas em pequena e insignificante área pública, como condição para a efetivação da ordem de reintegração na sua posse. Decisão mantida. Recurso não provido. 'O Estado não é – e não pode ser um fim em si mesmo. Também não se admite que esse mesmo Estado coloque a propriedade de bens públicos com valor que supere a vida humana e o bem-estar das pessoas que lhe outorgaram a prerrogativa de as proteger. Ademais, a invasão de terras improdutivas ou não aproveitadas convenientemente ou a ocupação de 'sobras' mal utilizadas ou não utilizadas pelo Poder Público, por parte de pessoas doentes e desamparadas, está a revelar um desacerto social, um desvio de rumo e um indício de que alguma coisa não vai muito bem na distribuição de renda e no cumprimento dos objetivos do Estado, estabelecidos expressamente na Constituição Federal' (TJSP – 3ª C. de Direito Público; AI 335.347-5/00-SP; rel. Des. Rui Stoco; j. 21.10.2003; v.u., in *Boletim da AASP*, n. 2.359, p. 3.001)".

Embora o corpo do v. acórdão não explique tratar-se a área ocupada de bem público, as razões apresentadas pela Prefeitura Municipal de São Paulo no agravo de instrumento, parcialmente transcritas no voto, permitem-nos visualizar tratar-se de "espaço livre ilegalmente invadido por pessoas que consideram-se melhores que outras e, por isso, acham que não precisam respeitar a lei e podem ocupar sem autorização bem público, causando dano à coletividade e poluindo ainda mais o espaço urbano" (*Boletim da AASP* 2.359/3.002).

A razão da discordância da agravante localizava-se no fato de a reintegração de posse de área pública, por ela solicitada, ter sido condicionada à providência de dar-se novo abrigo, ainda que temporário, a vinte crianças abandonadas pelos pais e portadoras de doença gravíssima e incapacitante (Síndrome de Down) e que eram cuidadas por uma sociedade não-governamental benemerente, presidida por um senhor de 72 anos de idade, instalada na referida área.

Em suas razões de decidir, o E. Desembargador comenta o "desacerto de uma desocupação que, se por um lado, libera pequeníssimo naco de terra pertencente ao Poder Público, que nada significa em termos universais, por outro cria um problema social e ofende o direito à sobrevivência, assim como avilta a Carta Magna, que coloca no ápice da proteção a vida, os menores e os enfermos" (*Boletim da AASP* 2.359/3.002), e que, segundo outro trecho, "revela insensibilidade inadmissível, pois desvia-se de seus reais objetivos e coloca a propriedade como valor que supera a vida humana e o bem-estar das pessoas que lhe outorgaram a prerrogativa de as proteger" (*Boletim da AASP* 2.359/3.002).

Ainda que o E. Relator não tenha invocado em seu voto, para fundamentar sua decisão, o tema da função social da propriedade – provavelmente por estar diante de um caso envolvendo propriedade pública – parece-nos que, embora por argumentos diversos, foi condicionado o exercício do direito da propriedade pública a um fim social maior: a moradia e abrigo a crianças portadoras de Síndrome de Down.

Esta decisão representa, a nosso ver, a subordinação da propriedade pública de bem de uso comum ao atendimento do princípio da dignidade da pessoa humana e, em conseqüência, ao princípio da função social.

Por sua vez, parece-nos que a pretensão reivindicatória do poder público a respeito de bem público, de qualquer modalidade, pode ser paralisada com base no § 4º, do art. 1.228, do Código Civil, que permite a privação da propriedade daquele que reivindica imóvel que apresente área extensa que permaneceu na posse ininterrupta e de boa-fé, por mais de cinco anos, de considerável número de pessoas e estas nele houverem realizado, em conjunto ou separadamente, obras e serviços considerados pelo magistrado relevantes do ponto de vista social ou econômico.

Trata-se, a nosso ver, de dispositivo que insere no sistema hipótese de desapropriação[26] em favor do particular, presentes determinados requisitos. Por tratar-se de modalidade de desapropriação, não há regra que impeça a sua incidência sobre bens públicos, de qualquer espécie, o que torna possível a ocorrência da perda da propriedade por esta nova modalidade de desapropriação, que denomino de desapropriação judicial.

A perda do direito de propriedade deve ser decretada em ação reivindicatória. Diz Marco Aurélio S. Viana: "Inicialmente é mister notar que esse modo de perda da propriedade imóvel realiza-se quando há pedido de restituição da coisa, o que se faz em ação reivindicatória. Efetivamente na letra da lei está dito que o proprietário pode ser privado da coisa se *o imóvel reivindicado* estiver nas condições que a disposição do parágrafo indica. Por isso entendemos que essa forma de perda da propriedade imóvel se faz em ação reivindicatória, que é ação real".[27]

A privação depende da alegação em sede de contestação, evitando, com isso, o conhecimento de ofício do magistrado. De acordo com a lição de Erik Gramstrup, "por mais que se tenha transformado a concep-

---

26. Marco Aurelio S. Viana, *Comentários ao Novo Código Civil, Dos Direitos Reais*, arts. *1.225 a 1.510*, p. 49, manifesta-se pela natureza de desapropriação do referido instituto: "O dispositivo do parágrafo quarto cuida de outra hipótese de perda da propriedade imóvel, que apresenta particularidades a reclamar atenção. Estamos, aqui, diante de uma desapropriação indireta em favor do particular. Explicamos: o proprietário é privado da coisa esbulhada, recebendo uma indenização. Na verdade, sua pretensão era reaver a coisa, que estava ilicitamente em mãos de outrem. Pelas circunstâncias, que examinaremos, ele é privado do direito de propriedade em favor daqueles que utilizavam a coisa, recebendo uma indenização, que é o preço que, em avaliação, se apurou".
27. Idem, ibidem.

ção dos direitos reais, porém, não se pode cogitar de cognição *ex officio*, convertendo-se o magistrado em titular de juízo de conveniência do que se poderia batizar de verdadeira desapropriação judicial. A posse contínua, ininterrupta e de boa-fé deve ser argüida e provada pelos interessados, pois se trata de pedido que alarga o objeto do processo".[28]

A pretensão à desapropriação pode ser exigida pelo número considerável de pessoas que estejam na posse de extensa área. Aqui, como visto, temos conceitos indeterminados, cuja fixação do conteúdo depende do labor do magistrado à luz do critério da razoabilidade e das circunstâncias do caso. De acordo com Marco Aurélio S. Viana:

"A pretensão pode ser exercida pelas pessoas que estão na posse do imóvel. Mas não é qualquer número de pessoas, mas um número que se tenha por considerável. O conceito de *número considerável de pessoas* deve ser examinado para cada caso concreto, porque é variável. A nosso ver depende da densidade populacional da região, e difere em se tratando de imóvel urbano ou rural. É possível até mesmo que varie no tempo, em função das transformações operadas em decorrência do povoamento das áreas urbanas e rurais.

"O mesmo entendimento vale para o conceito de *extensa área*, seja em região urbana, ou rural. É outro conceito tormentoso, e somente no caso concreto, examinando-se as circunstâncias, é que se poderá fixar com precisão a incidência do requisito legal. Uma área rural tida por extensa em determinada região do Brasil pode não o ser em outra. O pensamento tem aplicação em região urbana, também. Para que os dois requisitos sejam apreciados é indispensável o socorro à perícia, e aos conceitos e princípios fixados pelo urbanismo, em especial."[29]

Ao lado desses requisitos há a necessidade, ainda, de ocorrência de posse ininterrupta e de boa-fé, por mais de cinco anos, e da realização de obras e serviços consideradas pelo magistrado de relevante interesse social e econômico, que, no fundo, devem atender aos ditames da função social tanto da propriedade urbana, como da propriedade rural.

Diz Marco Aurelio S. Viana:

"Mas não basta a concorrência dos requisitos indicados se os titulares da pretensão não houverem realizado, em conjunto ou separada-

---

28. *Jornada de Direito Civil*, p. 354.
29. *Comentários ao Novo Código Civil*, p. 50.

mente, obras e serviços considerados pelo juiz de interesse social e econômico relevante. Estamos, aqui, uma vez mais, diante do direito de propriedade exercido segundo sua finalidade econômico-social. Não basta ter a posse de extensa área, nem levantar nela obras, ou realizar serviços. O interesse social apresenta-se sempre que o imóvel se preste para o progresso social ou para o desenvolvimento da sociedade, estado o aspecto econômico vinculado à produtividade, à geração de riqueza.

"Em se tratando de imóvel rural, devemos ter em mente o mandamento contido no art. 6º da Lei n. 8.629/93, que estatui que uma propriedade rural é produtiva quando, explorada econômica e racionalmente, atinge, simultaneamente, graus de utilização da terra e de eficiência na exploração, segundo índices fixados pelo órgão federal competente. O grau de utilização da terra há de ser igual ou superior a 80%, calculado pela relação percentual entre área efetivamente utilizada e a área aproveitável total do imóvel.

"Cuidando-se de imóvel urbano, cumpre examinar para cada caso se há real aproveitamento da área em percentual significativo. Nele os interessados deverão ter desenvolvido obras e serviços que contribuam para o progresso social ou para o desenvolvimento da sociedade, criando riqueza, como se dá com a implantação de unidades voltadas para a habitação, comércio, indústria, serviços. Não basta ocupar a área, mas lhe dar a destinação econômico-social a que está destinada. Não percamos de vista que a Constituição Federal, nos artigos 182 e 183, dispõe a respeito da política urbana. Nela está contido que a política de desenvolvimento urbano tem por objetivo ordenar o pleno desenvolvimento das funções sociais da cidade, garantindo o bem-estar dos seus habitantes; que a propriedade urbana cumpre sua função social quando atende às exigências fundamentais de ordenação da cidade expressa no plano diretor."[30]

A privação depende, também, do pagamento do justo preço ao proprietário (CC, art. 1.228, § 5º), a ser fixado pelo magistrado e pago, a nosso ver, pelos réus interessados.

Há, no entanto, quem entreveja no citado dispositivo legal uma forma especial de usucapião. Gustavo D'Acol Cardoso, em dissertação de mestrado acerca do tema *A função social da propriedade imobiliária*, assim se manifestou:

---

30. Idem, pp. 52-53.

"Ainda na usucapião especial impõe-se, no art. 1.228, §§ 4º e 5º do Código Civil uma modalidade própria, decorrente de composse, que também vem reconhecer a possibilidade de uma espécie de usucapião especial coletiva sobre áreas superiores aos limites indicados acima.

"Assim, no Código Civil, o proprietário também pode ser privado da coisa se o imóvel (rural ou urbano) reivindicado consistir em extensa área, na posse ininterrupta e de boa-fé, por mais de 5 (cinco) anos, de considerável número de pessoas, e estas nela houverem realizado obras e serviços considerados pelo juiz de interesse social e econômico relevante.

"Essa modalidade de usucapião especial poderia ser confundida com uma desapropriação (judicial) ou mesmo com uma compra e venda forçada, pois pressupõe uma justa indenização ao proprietário (art. 1.228, § 5º do Código Civil vigente). Ao contrário da desapropriação amigável ou do próprio instituto da compra e venda, não pode essa modalidade de aquisição, contudo, deixar de ser considerada forma originária de aquisição, pois continua desnecessária qualquer anuência ou concordância do titular anterior e também deve eliminar quaisquer gravames anteriores, como hipotecas, cláusulas restritivas, penhores rurais, entre outros."[31]

Sílvio de Salvo Venosa parece ter-se inclinado pela semelhança do instituto descrito no art. 1.228, § 4º, do Código Civil, com a usucapião, pois, após ter comentado a usucapião coletiva criada no art. 10 do Estatuto da Cidade, afirma que o citado dispositivo apresenta-se sob a mesma filosofia e em paralelo ao art. 1.228, § 4º, do novo Código Civil, que admite que o proprietário pode ser privado do imóvel que reivindica, quando este consistir em extensa área, na posse ininterrupta e de boa-fé, por mais de cinco anos, de considerável número de pessoas, e estas nela houverem realizado, em conjunto ou separadamente, obras e serviços considerados pelo juiz de interesse social e econômico, muito embora também reconheça que o instituto aproxima-se da desapropriação pelo pagamento da justa indenização devida ao proprietário.[32]

---

31. *A Função Social da Propriedade Imobiliária.*
32. *Direito Civil. Direitos Reais*, p. 205. Afirma o referido autor:
"Cumpre notar que esse dispositivo apresenta-se sob a mesma filosofia e em paralelo ao art. 1.228, § 4º do novo Código Civil, que admite que o proprietário possa

Pensamos, como já afirmado, tratar-se de modalidade de desapropriação judicial e não espécie de usucapião, pois esta modalidade de aquisição da propriedade na sua configuração dispensa o pagamento de indenização.

A definição da exata natureza jurídica do instituto criado no artigo 1.228, § 4º, do Código Civil – usucapião ou desapropriação – é importante no tema da aplicabilidade do princípio da função social à propriedade pública, pois, enquanto a desapropriação pode incidir sobre bens públicos, ainda que com reservas, a usucapião de bens públicos, especialmente a dos bens de uso comum, estaria proibida por força do que dispõe o art. 183 da Constituição Federal.[33]

3. Função social dos bens de uso especial

Os bens de uso especial são os bens afetados a um fim especial, um serviço público ou a sede de um órgão ou ente público.[34]

ser privado do imóvel que reivindica, quando este consistir em extensa área, na posse ininterrupta e de boa-fé, por mais de cinco anos, de considerável número de pessoas, e estas nela houverem realizado em conjunto ou separadamente, obras e serviços considerados pelo juiz de interesse social e econômico. Aqui não se menciona que o dispositivo dirige-se a pessoas de baixa renda.

"Em ambas as situações encontramos a busca pelo sentido social da propriedade, sua utilização coletiva. Em ambas, há necessidade de posse ininterrupta por cinco anos. No primeiro caso de usucapião coletivo, os habitantes da área adiantam-se e pedem a declaração de propriedade. No segundo caso, eles são demandados em ação reivindicatória pelo proprietário e apresentam a posse e demais requisitos como matéria de defesa ou em reconvenção, nesta pedindo o domínio da área. Na situação enfocada do Código Civil, porém, a aquisição aproxima-se da desapropriação, pois de acordo com o art. 1.228, § 5º, o juiz fixará a justa indenização devida ao proprietário; pago o preço, a sentença valerá como título para o registro do imóvel em nome dos possuidores."

33. Em face do princípio da função social da propriedade é possível sustentar diante de uma situação concreta a possibilidade de usucapião de bem público de uso comum, sobretudo nos casos em que ocorre aquilo que Enterría denomina de desafetação tácita, isto é, a perda das características de bem público de uso comum em decorrência de posse de terceiros, mansa, ininterrupta, por longíssimo tempo, cerca de trinta, quarenta anos.

34. Esclarece José Cretella Júnior, *Tratado do Domínio Público*, p. 329:

"No direito brasileiro, a expressão *uso especial* não é sinônimo de *uso privativo*. Não se contrapõe, por isso, a *uso comum*.

"Ao contrário do que ocorre, no direito universal, em que o *usuário anônimo*, o *quisque de populo*, se opõe ao *usuário especificado*, que usufrui um bem, median-

O uso dos bens de uso especial pelos entes públicos e seus agentes é direto e imediato, não dependendo de autorização.[35] O uso dos bens de uso especial pelos usuários dos serviços públicos instalados nesses bens depende de ato de admissão.[36]

A função social dos bens de uso especial decorre, como regra, do atendimento ao fim a que tais bens estão previamente destinados. Tais bens estão sujeitos ao cumprimento da função social nos mesmos termos das exigências relativas aos bens de uso comum.

É possível, no entanto, haver conflito entre o uso especial, eleito pelo ente público, e a interpretação da correta função social a ser dada ao bem, como no caso em que uma extensa área pública, localizada em área densamente habitada, está sendo usada como pátio de estacionamento de veículos imprestáveis à Administração. A questão é a de saber se o imóvel público pode ser considerado subutilizado à luz das diretrizes do plano Diretor e, com isso, sujeitar-se às sanções previstas no Estatuto da Cidade, ou não. Em última análise, resta saber se os bens públicos considerados de uso especial também estariam sujeitos ao cumprimento da função social da propriedade urbana.

O plano diretor pode exigir do proprietário do solo urbano não edificado, subutilizado ou não utilizado, que promova o seu adequado aproveitamento (art. 182, § 3º). Trata-se de concretização do princípio da função social da propriedade, ao exigir que o proprietário do solo urbano aproveite de forma adequada o seu imóvel, rejeitando, com isso, a idéia de que o proprietário pode dar o destino que deseje

---

te outorga do Estado, veiculada por *autorização*, por *permissão* ou por *concessão* no direito pátrio, a expressão *uso especial* é empregada em relação à pessoa pública detentora do bem, segundo a orientação prescrita pelo Código Civil, que triparte as coisas públicas, exemplificando-as.

"Se se quisesse dizer que *uso especial é uso privativo*, poderíamos dizê-lo, mas *privativo do Público* (= do Estado), não do *público* (= do povo). No Brasil, *uso especial é o uso privativo* por uma das três pessoas – União, Estados, Municípios – não *uso especial de quisque de populo.*"

35. José Cretella Júnior, *Dos Bens Públicos...*, p. 258.
36. Idem, ibidem: "Assim, pelo instituto da admissão, que é o ato administrativo pelo qual, reconhecidos no particular qualidades e requisitos pré-fixados, se lhe outorga fruição de serviço ou uso de bem público, os administrados são os usuários dos estabelecimentos públicos de instrução e educação, bem como dos hospitais e asilos. Usuários dos serviços públicos, mas usuários também, em certa medida, de parte desses bens do patrimônio disponível do Estado".

ao seu imóvel, mesmo que o fim seja o de não edificar ou não aproveitar o bem.

Os destinatários da obrigação de aproveitamento mínimo, para Diógenes Gasparini, seriam os proprietários de imóveis urbanos situados em área incluída no plano diretor, entre eles, as pessoas físicas ou jurídicas privadas, titulares do domínio e de outros direitos reais, e as pessoas governamentais, como as sociedades de economia mista e as empresas públicas exploradoras de atividade econômica, excluídos os Estados, a União e as autarquias e fundações públicas. Para o citado autor não seria possível "considerar o proprietário público, como são o Estado e a União, destinatários dessas imposições, mesmo que seus imóveis estejam em área incluída no plano diretor e haja lei municipal disciplinando o parcelamento, a edificação e a utilização compulsórios. Primeiro, porque seria uma intervenção de um ente federado em outro, pois cada um tem exclusiva competência para usar, gozar e dispor de seus bens segundo o interesse público que lhe compete perseguir, observadas, naturalmente, as exigências municipais de ordem edilícia e urbanística".[37]

Não consideramos intervenção indevida de um ente federado em outro o fato de os bens públicos de uso especial, pertencentes a Estados e União, estarem sujeitos às sanções previstas no Estatuto da Cidade no caso de não-cumprimento do plano diretor previsto no Município. Os limites à ação dos entes da federação em relação a bens pertencentes a outros entes federados encontram-se delineados no texto constitucional. A não-intervenção não configura um princípio ou regra apta a impedir a aplicação de sanções aos bens públicos urbanos que não cumpram a função social das cidades previstas no Estatuto da Cidade. Ao contrário, a função social da propriedade informa e conforma o conteúdo de todas as propriedades, inclusive as públicas, pois as normas daquele Estatuto (Lei n. 10.257/2001) buscam ordenar o pleno desenvolvimento das funções sociais da cidade e da propriedade urbana, sem discriminar entre propriedade urbana privada e propriedade urbana pública. O principal argumento para confirmar a incidência das regras do Estatuto Cidade aos imóveis públicos urbanos, de uso especial ou dominicais, é, justamente, a ausência de discriminação, no texto da constituição, entre proprieda-

37. *O Estatuto da Cidade*, p. 28.

de privada e propriedade pública. Ademais, no Estado de Direito é habitual a submissão do próprio Estado, e conseqüentemente de seus bens, aos dispositivos legais e constitucionais, não se admitindo atuação acima ou fora do ordenamento jurídico.

Ademais, não há interesse que possa pairar acima do interesse público, que exige o cumprimento da função social das cidades. Em outras palavras, o interesse do Estado em não cumprir a função social da propriedade urbana será, dependendo do caso, um interesse público primário ou secundário que deverá ceder, sempre, como regra, ante o interesse público de que seja atendida a função social da propriedade, por ser o princípio da função social da propriedade, a nosso ver, mais importante.

No caso de conflito de interesses públicos primários dignos de proteção, deve prevalecer o que representa maior valor dentro do ordenamento jurídico.

Há no ordenamento jurídico uma clara manifestação de privilegiar as cidades, pois nelas, em última análise, vive grande parte da população brasileira. O Município, se não é o ente mais importante da federação, em termos econômicos, é o mais importante do ponto de vista social, pois o seu território é que acolhe o povo, o destinatário das ações positivas do Estado.

No entanto, nem todas as sanções previstas no Estatuto da Cidade mostram-se compatíveis com os bens públicos. A tributação progressiva do IPTU é medida inócua ante a reconhecida imunidade[38]

---

38. De acordo com Roque Antonio Carraza, *Curso de Direito Constitucional Tributário*, pp. 665-666: "A expressão imunidade tributária tem duas acepções. *Uma*, ampla, significando a incompetência da pessoa política para tributar: a) pessoas que realizam fatos que estão fora das fronteiras de seu campo tributário; b) sem a observância dos princípios constitucionais tributários, que formam o chamado *estatuto do contribuinte*; c) com efeito de *confisco*; d) de modo a estabelecer limitações ao tráfego de pessoas ou bens (salvo a hipótese de *pedágio*); e) afrontando o *princípio da uniformidade geográfica*; e f) fazendo tábua rasa do *princípio da não-discriminação tributária em razão da origem ou do destino dos bens*.

"E, *outra*, restrita, aplicável às normas constitucionais que, de modo expresso, declaram ser vedado às pessoas políticas tributar determinadas pessoas, quer pela natureza jurídica que possuem, quer pelo tipo de atividade que desempenham, quer, finalmente, porque coligadas a determinados fatos, bens ou situações.

"Tanto em sua acepção ampla como na restrita, a expressão "imunidade tributária" alcança, em princípio, quaisquer tributos: impostos, taxas e contribuições de melhoria."

reciprocamente concedida aos Entes Públicos e respectivas autarquias, que, de acordo com Roque Antonio Carraza, repousaria no princípio federativo e no princípio da isonomia das pessoas políticas.[39] O mesmo pode ocorrer com o parcelamento e a edificação compulsórios, muito embora os óbices jurídicos não encontrem fundamento na Constituição e sim em legislação ordinária, especialmente na legislação regente do orçamento dos entes proprietários dos bens não cumpridores da função social.

O parcelamento, a edificação ou a utilização compulsórios constituem, como visto, sanção a comportamento do proprietário de imóvel situado em área incluída no plano diretor que lhe dê um aproveitamento abaixo do mínimo definido no plano diretor ou em legislação dele decorrente (art. 5º, § 1º do Estatuto da Cidade). É possível, portanto, que o imóvel público, de uso especial (e também dominical) qualifique-se como subutilizado pelos critérios aprovados no plano diretor, sujeitando-se, portanto, em tese, ao parcelamento, à edificação ou à utilização compulsória. No entanto, o parcelamento, a edificação ou utilização compulsórios dependem de previsão orçamentária e fontes de custeio, o que pode, por certo, inviabilizar a execução das sanções impostas.

Caberia aplicar a desapropriação quando as medidas anteriores mostrarem-se inócuas ante a resistência do Poder Público em atender

---

39. Idem, pp. 669-670: "Decorre do princípio federativo porque, se uma pessoa política pudesse exigir impostos de outra, fatalmente acabaria por interferir em sua autonomia. Sim, porque, cobrando-lhe impostos, poderia levá-la à situação de grande dificuldade econômica, a ponto de impedi-la de realizar seus objetivos institucionais. Ora, isto a Constituição absolutamente não tolera, tanto que inscreveu nas *cláusulas pétreas* que não será sequer objeto de deliberação a proposta de emenda constitucional tendente a abolir 'a forma federativa de Estado' (art. 60, § 4º, I). Se nem a emenda constitucional pode tender a abolir a forma federativa do Estado, muito menos poderá fazê-lo a lei tributária, exigindo imposto de uma pessoa política.

"Mas, conforme, adiantamos, também o *princípio da isonomia das pessoas políticas* impede que se tributem, umas às outras, por meio de impostos.

"De fato, a tributação por meio de impostos – justamente por independer de uma atuação estatal – pressupõe uma supremacia de quem tributa em relação a quem é tributado. Ou, se preferirmos, um *estado de sujeição* de quem é tributado, em relação a quem o tributa.

"Ora, entre as pessoas políticas reina a mais absoluta igualdade jurídica. Umas não se sobrepõem às outras. Não, pelo menos, em termos jurídicos. (...)."

à notificação que lhe foi endereçada pelo Município para dar aos bens o destino adequado.

O óbice à desapropriação de bens da União e dos Estados pelo Município, previsto no § 2º, do art. 2º, do Decreto-Lei n. 3.365/1941, de aplicação analógica, já que citado diploma legal disciplina a modalidade de desapropriação por utilidade pública, deve ser considerado superado. Neste ponto, é possível socorrermo-nos das valiosas conclusões de Letícia Queiroz de Andrade, registradas em sua dissertação de mestrado a respeito de *Desapropriação de bens públicos à luz do princípio federativo*:

"Em nossa opinião, o sistema jurídico brasileiro admite a possibilidade de exercício de poder expropriatório entre as entidades federativas quando configurado um desequilíbrio jurídico entre os respectivos interesses contrapostos, no que se refere ao benefício coletivo que o atendimento desses interesses é capaz de proporcionar.

"Nesse sentido, por força do princípio da supremacia do interesse que proporcione maior benefício coletivo, há possibilidade de exercício de poder expropriatório entre as entidades federativas quando confrontados interesses públicos primários de distintas escalas de abrangência (nacionais, regionais e locais), interesses públicos primários e interesses públicos secundários, e, interesses públicos secundários que se relacionem com intensidades distintas aos interesses públicos primários.

"Assim, admitida, a possibilidade de exercício de poder expropriatório não compromete a *autonomia recíproca*, primeiro porque tal autonomia, da forma como acolhida em nosso sistema jurídico, não veda a possibilidade de exercício de poderes de uma entidade federativa sobre a outra, segundo porque a possibilidade de exercício do poder expropriatório entre as entidades federativas não se funda no reconhecimento de que exista qualquer desigualdade jurídica entre elas, mas, sim, entre os interesses que lhes são pertinentes, em si mesmos considerados."[40]

Assim, tratando-se de bens de uso especial, é preciso analisar e avaliar se os fins a que estão afetados, embora condizentes com um

---

40. *Desapropriação de Bens Públicos à Luz do Princípio Federativo*, pp. 276-278.

interesse público, não se revelam, mesmo assim, prejudiciais a interesse público maior e mais importante relacionado à função social das cidades, o que possibilitaria, em caso afirmativo, terem os respectivos destinos alterados por intermédio da desapropriação, para adequarem-se às exigências do plano diretor.

É, guardada alguma diferença na forma de expressar, o pensamento de Letícia Queiroz de Andrade: "A observação dessa condição finalística resulta em que a desapropriação de um bem público só será possível, e aqui estamos especificando o pressuposto pela deflagração do poder expropriatório acima apontado, quando, na comparação entre a função já desempenhada pelo bem com relação a uma utilidade pública e a função que virá a desempenhar com relação à outra utilidade pública, verifique-se que com a desapropriação e a realização das obras que eventualmente se façam necessárias se estará extraindo do bem proveito público maior do que o por ele já oferecido".[41]

Cumpre observar que nossa concordância com a possibilidade de desapropriação pressupõe, necessariamente, que o bem a ser desapropriado esteja localizado no território do ente que pretende expropriar, circunstância que também não passou despercebida a Letícia Queiroz de Andrade: "A condição subjetiva é a de que cada entidade federativa desempenha determinadas competências em determinado espaço territorial, razão pela qual não será legítimo o exercício de poder expropriatório por entidade federativa que se utilize da prerrogativa expropriatória para realizar competência que não lhe pertença e/ou em território sobre o qual não tenha jurisdição".[42]

O mesmo raciocínio vale para a desapropriação pelo não-cumprimento da função social da propriedade rural, tratada na Lei Complementar n. 76, de 6.7.1993, de competência privativa da União, nas hipóteses em que área considerada improdutiva pertença ao Município.[43]

---

41. Idem, p. 279.
42. Idem, p. 281.
43. Registre-se, no entanto, a opinião contrária de Maria Sylvia Zanella Di Pietro, "A gestão jurídica do patrimônio imobiliário do Poder Público", cit., p. 58, para quem "não se pode, no entanto, cogitar de aplicação aos bens de uso comum do povo e de uso especial das normas constitucionais referentes à função social da propriedade privada, em especial as que estabelecem a reforma agrária, já que se trata de bens indisponíveis em decorrência de sua afetação a fins públicos".

Em conclusão, além da função social inerente à própria utilização do bem, é possível submeter os bens de uso especial, guardados certos cuidados, às regras derivadas da aplicação do princípio da função social, entre elas, aquelas previstas na Constituição relativas à função social da propriedade, à função social das cidades e à função social da propriedade rural.

A usucapião dos bens de uso especial estaria proibida por força do que dispõe o art. 183, § 3º, da Constituição Federal.[44]

4. Função social dos bens dominicais

Os bens dominicais, por sua vez, *a priori*, não estariam previamente destinados a um fim público específico. Esta afirmação, contudo, deve ser temperada com a observação de que hoje se reconhece a estes bens a realização de interesses gerais. Ensina Maria Sylvia Zanella Di Pietro: "Hoje já se entende que a natureza desses bens não é exclusivamente patrimonial; a sua administração pode visar, paralelamente, a objetivos de interesse geral. Com efeito, os bens do domínio privado são freqüentemente utilizados como sede de obras públicas e também cedidos a particulares para fins de utilidade pública".[45]

Não obstante a posição acima, o fato é que os bens do domínio privado do Estado ou bens dominicais não estariam indelevelmente marcados ao atendimento de uma finalidade cogente que possa ser confundida com a realização de uma função social. Nesse sentido a lição de Maria Sylvia Zanella Di Pietro: "No entanto, não se pode dizer que tais bens desempenhem, por sua própria natureza, uma função social, porquanto, se assim fosse, deixariam de ser dominicais para entrar em uma das outras duas modalidades. (...) O Estado exerce sobre eles direito real de propriedade muito semelhante ao do particular, razão pela qual, no silêncio da lei, são regidos por normas de direito privado".[46]

---

44. Também em face do princípio da função social da propriedade é possível sustentar, diante de uma situação concreta, a possibilidade de usucapião de bem público de uso especial nos casos em que ocorre a perda das características de bem público de uso especial em decorrência de posse de terceiros, mansa, ininterrupta, por longuíssimo tempo, cerca de trinta, quarenta anos.
45. *Direito Administrativo*, p. 573.
46. "A gestão jurídica do patrimônio imobiliário do Poder Público", cit., p. 59.

Estes bens, por não estarem subordinados a um interesse público específico, devem atender integralmente às regras concretizadoras do princípio da função social da propriedade.

Ensina Maria Sylvia Zanella Di Pietro: "Não há, em conseqüência, porque os excluir da incidência das normas constitucionais que asseguram a função social da propriedade, quer para os submeter, na área urbana, às limitações impostas pelo Plano Diretor da cidade, quer para os enquadrar, na zona rural, aos planos de reforma agrária".[47]

Portanto, é possível que o ente público, titular de tais bens, veja-se forçado, mesmo contra a sua vontade, a ter que realizar neles obras de parcelamento compulsório, edificação ou ter os mesmos desapropriados.

Neste ponto, acreditamos que as razões que eventualmente possam impedir a desapropriação entre entes públicos deixam de existir quando se trata de bens dominicais, pois estes não estão vinculados a qualquer destino comum ou específico, mas por força de dicção legal são bens que constituem o patrimônio das pessoas jurídicas de direito público, como objeto de direito pessoal, ou real, de cada uma dessas entidades (art. 99, III, do CC).

Letícia Queiroz de Andrade afirma: "se o bem público almejado não estiver preposto a uma utilidade pública, a desapropriação será sempre possível, pois, com ela, esse bem passará a desempenhar alguma função, seja direta ou indireta, com relação à utilidade pública visada pela desapropriação".[48]

A predominância da posse não se aplica a todos os bens. Os bens públicos de uso comum e os bens públicos de uso especial podem ser possuídos por terceiros, mesmo contra a vontade da Administração, mas esta posse não gera o direito ao possuidor de opor-se ao desapossamento. Assim, não há direito de permanência no bem público quando este servir a fim comum ou a fim específico, salvo a hipótese de desapropriação judicial prevista no art. 1.228, §§ 4º e 5º, do novo Código Civil, e da concessão de uso especial para fins de moradia prevista na Medida Provisória n. 2.220/2001.

Por outro lado, os bens dominicais, não afetados a fins comuns ou específicos, submetem-se à força predominante da posse, embora,

---

47. Idem, p. 59.
48. *Desapropriação de Bens Públicos à Luz do Princípio Federativo*, p. 280.

repita-se, a força predominante da posse, fora dos casos acima previstos, não geraria o direito de permanência, pois a outorga de direito de uso insere-se em ato de competência discricionária da administração. A usucapião também não seria permitida para os bens dominicais. Afirma-o o texto constitucional e, recentemente, o art. 102 do Código Civil.

Já tivemos oportunidade de apontar que, após divergência doutrinária e jurisprudencial, sucessivos diplomas legais (Decreto n. 22.785, de 31.5.1933, Decreto-lei n. 710, de 17.9.1938 e o Decreto-lei n. 9.760, de 5.12.1946, este no que diz respeito aos bens imóveis da União) vieram proibir expressamente a usucapião de bens públicos, o que foi reafirmado pela Súmula 340 do Supremo Tribunal Federal.

Entretanto, mesmo na vigência destes diplomas legais, foram estabelecidas exceções previstas, ora nas Constituições de 1934, 1937 e 1946, com relação à chamada *usucapião pro labore*, e na Constituição de 1967, com a legitimação de posse e preferência para aquisição de terras públicas tornadas produtivas com o trabalho do ocupante e de sua família, ora com a Lei n. 6.969/1981, que disciplinou a usucapião especial incidente sobre terras devolutas situadas na área rural.

A Constituição de 1988 teria, no entanto, proibido, expressamente, qualquer espécie de usucapião de bem público a partir dos textos do art. 183, § 3º, e do art. 191, parágrafo único, o que recebeu críticas de Maria Sylvia Zanella Di Pietro: "A Constituição de 1988, lamentavelmente, proibiu qualquer tipo de usucapião de bem público, quer na zona urbana (art. 183, § 3º), quer na área rural (art. 191, parágrafo único), com o que revogou a Lei n. 6.969/81, na parte relativa aos bens públicos. Essa proibição constitui um retrocesso por retirar do particular que cultiva a terra um dos instrumentos de acesso à propriedade pública, precisamente no momento em que se prestigia a função social da propriedade".[49]

Como já mencionado no capítulo II deste trabalho, resiste a este entendimento Celso Ribeiro Bastos. Ele, apesar de considerar públicas as terras devolutas sob o aspecto da sua titularidade, afirma que estas não têm essa qualificação quando se leva em conta o destino a que estão afetas. E, ademais, o art. 188 da Constituição Federal teria feito,

49. "A gestão jurídica do patrimônio imobiliário do Poder Público", cit., p. 60.

no mesmo preceito, referência tanto às terras públicas como às terras devolutas, dando a entender ter o texto constitucional acolhido uma distinção entre elas, o que justificaria o posicionamento de que, não obstante um imóvel ser público por compor o domínio de uma pessoa de direito público, nada impede que ele possa ser dominical do ponto de vista do seu destino ou utilização, o que o tornaria usucapível.[50]

Parcialmente coincidente com o pensamento de Celso Ribeiro Bastos o posicionamento de Juarez Freitas, que propõe uma subdivisão dos bens públicos patrimoniais em indisponíveis, jamais usucapíveis, e disponíveis e mesmo usucapíveis, "dado que, especificamente em relação a estes, por implícito no comando constitucional, a prescrição aquisitiva não parece afrontar a indispensabilidade à defesa de fronteiras, das fortificações e construções militares, das vias federais de comunicação e à preservação ambiental".[51] Prossegue o referido autor: "Naturalmente, as terras que se enquadrarem nos moldes da referida imprescindibilidade, estas, sim, como que se especializam ou, mantidas devolutas, são induvidosamente indisponíveis e devem ser tidas como insuscetíveis de usucapião. Fora disso, poderiam, portanto, ser tidas como usucapíveis, ao menos em termos de aperfeiçoada técnica".[52]

À luz do princípio da função social da propriedade que incide também na propriedade pública, caberia perguntar se seria possível a usucapião de bens dominicais, não obstante o teor dos arts. 183, § 3º, e 191, parágrafo único, da Constituição Federal.

Estamos diante, a nosso ver, de um conflito de normas, pois as normas que estabelecem a função social da propriedade disciplinam um fim que, para ser alcançado, necessita, entre outros instrumentos, da usucapião, que, no entanto, em relação aos bens públicos, é vedada. Em outras palavras, as normas que proíbem a usucapião dos bens públicos retiram ou suprimem um importante meio de realização da função social da propriedade, prevista como fim em outras normas, configurando, com isso, uma antinomia teleológica, que, no entanto, é aparente e pode ser solucionada.[53]

50. *Comentários à Constituição do Brasil*, arts. 170 a 192, pp. 239-240.
51. "Da necessária reclassificação dos bens públicos", in *Estudos de Direito Administrativo*, p. 75.
52. Idem, ibidem.
53. A respeito da antinomia teleológica, Maria Helena Diniz, *Compêndio de Introdução à Ciência do Direito*, p. 430, afirma: "se se apresentar incompatibilidade

A resposta afirmativa a esta indagação, isto é, a admissão da possibilidade da usucapião de bens dominicais em razão do princípio da função social da propriedade passa, num primeiro momento, pela distinção da espécie normativa que há entre as normas veiculadas nos arts. 5º, XXIII, 170, III, 182 e 186 da Constituição Federal e as normas veiculadas nos arts. 183, § 3º, e 191, parágrafo único da Constituição Federal.

As primeiras são princípios enquanto as segundas são regras.[54]

A norma-princípio ou o princípio na lição de Celso Antônio Bandeira de Mello é por definição "mandamento nuclear de um sistema, verdadeiro alicerce dele, disposição fundamental que se irradia sobre diferentes normas compondo-lhes o espírito e servindo de critério para sua exata compreensão e inteligência exatamente por definir a lógica e a racionalidade do sistema normativo, no que lhe confere a tônica e lhe dá sentido harmônico".[55]

Apresenta-se o princípio, segundo Roque Antonio Carrazza, como *"um enunciado lógico, implícito ou explícito, que, por sua grande generalidade, ocupa posição de preeminência nos vastos quadrantes do Direito e, por isso mesmo, vincula, de modo inexorá-*

---

entre os fins propostos por certa norma e os meios previstos por outra para a consecução daqueles fins. Essa antinomia pode, em certos casos, converter-se em normativa, devendo como tal ser tratada; em outros, terá de ser suportada, como a antinomia valorativa".

54. De acordo com J. J. Gomes Canotilho, *Direito Constitucional*, pp. 1.086-1.087, os critérios sugeridos para distinguir no âmbito do superconceito norma, entre regras e princípios, são: a) grau de abstração: os princípios são normas com um grau de abstracção relativamente elevado enquanto as regras possuem uma abstração relativamente reduzida; b) grau de determinabilidade na aplicação do caso concreto: os princípios, por serem vagos e indeterminados, carecem de mediações concretizadoras, enquanto as regras são suscetíveis de aplicação direta; c) caráter de fundamentalidade no sistema das fontes de direito: os princípios são normas de natureza ou com um papel fundamental no ordenamento jurídico devido à sua posição hierárquica no sistema das fontes (ex.: princípios constitucionais) ou à sua importância estruturante dentro do sistema jurídico; d) "proximidade" da idéia de direito: os princípios são *standards* juridicamente vinculantes radicados nas exigências de *justiça* ou na *idéia de direito*; as regras podem ser normas vinculativas com um conteúdo meramente funcional; e) natureza normogenética: os princípios são fundamento de regras, isto é, são normas que estão na base ou constituem a *ratio* de regras jurídicas, desempenhando, por isso, uma função normogenética fundamentante.

55. *Curso de Direito Administrativo*, pp. 882-883.

vel, o entendimento e a aplicação das normas jurídicas que com ele se conectam".[56]

Os princípios irradiam efeitos e iluminam a compreensão de todas as outras regras que integram o ordenamento jurídico. Os princípios apresentam uma função interpretativa e integradora. De acordo com Jorge Miranda, "a ação mediata dos princípios consiste, em primeiro lugar, em funcionarem como critérios de interpretação e de integração, pois são eles que dão a coerência geral do sistema. E, assim, o sentido exato dos preceitos constitucionais tem de ser encontrado na conjugação com os princípios e a integração há de ser feita de tal sorte que se tornem explícitas ou explicitáveis as normas que o legislador constituinte não quis ou não pode exprimir cabalmente".[57]

Colhe-se, ainda, de Luís Roberto Barroso, a seguinte lição: "O ponto de partida do intérprete há que ser sempre os princípios constitucionais, que são o conjunto de normas que espelham a ideologia da Constituição, seus postulados básicos e seus fins. Dito de forma sumária, os princípios constitucionais são as normas eleitas pelo constituinte como fundamentos ou qualificações essenciais da ordem jurídica que institui. A atividade de interpretação da Constituição deve começar pela identificação do princípio maior que rege o tema a ser apreciado, descendo do mais genérico ao mais específico, até chegar à formulação da regra concreta que vai reger a espécie".[58]

É certo que, no âmbito constitucional, entre uma e outra espécie de norma não há hierarquia em sentido normativo, de modo que, pelo princípio da unidade da Constituição, as normas constitucionais estariam no mesmo plano. Sem prejuízo desta assertiva, é evidente que entre as diversas normas constitucionais as funções são distintas, sendo que os princípios funcionam como critérios de interpretação e integração do texto constitucional.[59]

Assim, as regras, ainda que inseridas na Constituição, não deixam de recolher influência de ditos princípios constitucionais. Ensina Roque Antonio Carrazza, "Sem outros cuidados, podemos, agora, sustentar que um princípio jurídico-constitucional, em rigor, não

---

56. *Curso de Direito Constitucional Tributário*, p. 35.
57. *Manual de Direito Constitucional*, pp. 226-227.
58. *Interpretação e Aplicação da Constituição*, p. 149.
59. Idem, p. 150.

passa de uma norma jurídica qualificada. Qualificada porque, tendo âmbito de validade maior, orienta a atuação de outras normas, mesmo as de nível constitucional. Exerce, tal princípio, uma função axiologicamente mais expressiva, dentro do sistema jurídico (...)".[60]

Enquanto princípio, a *função social da propriedade* é princípio-garantia (art. 5º, XXIII) e princípio político conformador da organização econômico-social do Estado (arts. 170, III, 182, § 2º e 186)[61] e como tal fornece diretrizes de interpretação das outras normas constitucionais. Assim, as regras constitucionais que proíbem a usucapião de bens públicos (arts. 183, § 3º, e 191, parágrafo único da Constituição Federal) devem ser interpretadas e compreendidas à luz do princípio da função social da propriedade, que, como visto, informa, também, a propriedade pública.

Em parte, esta é a opinião de Juarez Freitas: "A leitura combinada e sistemática dos arts. 20, II, 26, IV, 188, 'caput', 183, § 3º, e 191, parágrafo único, da Constituição Federal, desde que atenta ao 'telos' inescapável e cristalino de dar adequado uso à propriedade, conduz à conclusão de que a vontade da Constituição no que tange à insuscetibilidade de usucapião de imóveis públicos pode ser relativizada por outros princípios superiores, dentre os quais avulta o da função social, obedecidos determinados requisitos legais e sem ofensa aos

---

60. *Curso de Direito Constitucional Tributário*, p. 44.
61. Jorge Miranda, *Manual de Direito Constitucional*, pp. 229 e 230, distingue entre princípios constitucionais substantivos, válidos em si mesmos e que espelham os valores básicos a que adere a Constituição material; e, de outra parte, princípios constitucionais adjetivos ou instrumentais – princípios, sobretudo de alcance técnico, complementares do primeiro e que enquadram as disposições articuladas no seu conjunto. Os princípios constitucionais substantivos, o citado autor subdistingue em princípios axiológicos fundamentais (proibição de discriminações, inviolabilidade da pessoa humana, a integridade moral e física das pessoas, a não-retroatividade da lei penal incriminadora, o direito de defesa dos acusados, a liberdade de religião e de convicções, a dignidade social do trabalho) e princípios político-constitucionais, que refletem as grandes marcas e direções caracterizadoras de cada Constituição (o princípio democrático, o princípio representativo, o princípio republicano, o da constitucionalidade, o da separação dos órgãos do poder, o da subordinação do poder econômico ao poder político). Os princípios constitucionais instrumentais correspondem à estruturação do sistema constitucional, em moldes de racionalidade e operacionalidade; princípios fundamentalmente construtivos e que, embora vindos do Estado constitucional ou de Direito, hoje adquiriram uma relativa neutralidade (princípio da publicidade das normas jurídica, o da competência).

comandos dos arts. 183, § 3º, e 191, parágrafo único, da Carta Ápice, conquanto, indisputavelmente, melhor, sob a ótica científica, sustentar a mudança constitucional que agasalhe expressamente a interpretação oferecida como mais justa".[62]

Neste ponto, cremos ser necessário distinguir dentre o gênero bens públicos as diversas espécies. Assim, dada a diversidade de regime a que estão submetidos de um lado os bens de uso comum e os bens de uso especial, e do outro lado os bens dominicais, parece-nos possível sustentar a possibilidade jurídica de os bens dominicais serem usucapidos com amparo no princípio da função social da propriedade.

Os bens dominicais são bens não afetados a um destino comum ou especial. Eles configuram objeto de um direito real de propriedade, como os bens de propriedade dos particulares. O que os diferencia dos bens de propriedade particular é apenas o titular, que, no caso dos bens dominicais, é o Poder Público. Estes bens, como dito, não estão destinados a atender a qualquer fim comum ou específico público que os imunize da incidência do princípio da função social contido na Constituição e os subtraia dos efeitos da posse prolongada exercida por outro.

A possibilidade de bens dominicais poderem ser objeto da usucapião está prevista em outros ordenamentos jurídicos. Pietro Virga, ao discorrer sobre o que o ordenamento jurídico classifica como bens patrimoniais disponíveis, isto é, os bens de valor preferencialmente econômico e não-predestinados a um serviço público, aduz que os mesmos sujeitam-se às regras do direito privado, ou melhor, são alienáveis, podem ser objeto de negócio de direito privado e adquiridos mediante usucapião, muito embora reconheça alguns desvios da disciplina puramente privada em decorrência da natureza pública do ente que os possui ou da legislação administrativa que lhes concerne.[63]

---

62. *Estudos de Direito Administrativo*, p. 77.
63. *Diritto Amministrativo. I. I principi*, p. 380: "I beni patrimoniali disponibili sono assoggettati in linea di massima alle norme di diritto privato e pertanto essi sono alienabili, pignorabili, possono formare oggetto di negozi di diritto privato e possono essere acquistati dal privati mediante usucapione e, se mobili, mediante il possesso di buona fede ex art. 1.153 cod. civ.".

Resta clara, no entanto, no Brasil, a dificuldade em aceitar de pronto este posicionamento, porque, em última análise, o texto constitucional vedaria, para os bens públicos, a aquisição por usucapião. Para contornar esta aparente proibição é preciso, como dito acima, recorrer ao princípio da função social da propriedade e dele extrair, por inteiro, sua eficácia normativa. O citado princípio, para nós, informa toda a relação jurídica de propriedade pública ou privada. É certo ter o citado princípio graus de eficácia distintos quando incide sobre uma relação jurídica de propriedade privada e quando incide sobre uma relação jurídica de propriedade pública, o que não significa, no entanto, que a relação jurídica de propriedade pública não sofra a influência, também, do princípio da função social.

No caso dos bens dominicais, semelhantes aos bens privados, o princípio da função social da propriedade comporta o efeito de submetê-los à força aquisitiva da posse contínua e pacífica, não bastando para impedir este efeito uma proposição genérica que subtrai os bens públicos do raio de ação da prescrição aquisitiva.

Com efeito, não há interesse público, genérico ou específico, que justifique a insubmissão da classe de bens dominicais a todos os efeitos do princípio da função social, diante da semelhança que eles guardam com os bens privados. O qualificativo público, no caso dos bens dominicais, não produz a conseqüência de os subtrair dos efeitos da posse prolongada, pois o público, decorrente da qualidade ostentada pelo titular, não traduz interesse, passível de ser protegido, superior ou melhor do que o interesse comportado pelo princípio da função social da propriedade.

Há, nesse caso, completa submissão do interesse decorrente da publicidade do bem ao interesse maior contido no princípio da função social. Como dito, o qualificativo público não é capaz, por si só, de obstar a prescrição aquisitiva sobre bens públicos dominicais.

Os bens dominicais, mesmo considerados públicos em razão do titular, estão sujeitos à aquisição operada pela prescrição em decorrência do princípio da função social. Portanto, há necessidade de interpretarmos a proibição da usucapião dos bens públicos para adequá-la somente em relação aos bens considerados de uso comum do povo e aos bens considerados de uso específico ou especial.

Os bens dominicais podem ser objeto de usucapião; assim, é possível que ocorra a aquisição da propriedade de bem dominical por quem esteja na posse mansa, pacífica e ininterrupta do bem, por isto representar o pleno atendimento da função social da propriedade.

A supremacia da posse sobre a propriedade apresenta-se com todo o vigor nessa idéia.

Não haverá desrespeito ao artigo da Constituição que proíbe a usucapião de bens públicos se entendermos recair a proibição apenas nos bens de uso comum e nos bens de uso especial, excluídos, portanto, os bens dominicais.

Neste caso, estar-se-ia dando à expressão *bens públicos*, contida na Constituição, uma interpretação à luz do princípio constitucional da função social da propriedade, para nela compreender os bens de uso comum e os bens de uso especial, mas não os bens dominicais.

Portanto, os arts. 183, § 3º, e 191, parágrafo único, da Constituição Federal, não configurariam óbice intransponível à perda da propriedade pela usucapião dos bens dominicais.

Resta, agora, averiguar o tipo de usucapião a que estariam sujeitos os bens dominicais.

Cremos que o princípio da função social, em se tratando de bens públicos, ainda que dominicais, deve atuar nas situações em que fique demonstrada, de forma cabal, uma esfera de proteção de interesses social e juridicamente relevantes. Deste modo, não se trata de fazer atuar o princípio da função social e o seu efeito imediato, relacionado com a função social da posse, em qualquer caso, mas somente nas situações em que fique demonstrada a relevância social em privilegiar-se o instituto da posse e o instituto da prescrição aquisitiva.

Além da posse mansa e pacífica, outros requisitos devem ser agregados de modo a possibilitar a conclusão pela existência de um interesse maior, que deve prevalecer no confronto com o interesse público decorrente da propriedade pública. Em outras palavras, não se trata pura e simplesmente de, no confronto entre o titular do bem público e o particular, deferir ao último, em detrimento daquele, a aquisição da propriedade pela usucapião, mas sim o de, no confronto entre o titular do bem público e o particular, deferir ao particular, em detrimento daquele, por motivos socialmente relevantes, a aquisição da propriedade de bem dominical pela usucapião.

Neste aspecto, parece-nos que o ordenamento já determinou os requisitos que devem ser levados em conta para decidir-se em favor do particular, extraídos de institutos em vigor. São eles:

a) a posse mansa, pacífica e ininterrupta pelo prazo mínimo de cinco (5) anos.

A posse mansa e pacífica é a posse sem oposição do proprietário, no caso, o Poder Público, ou de quem tenha legitimidade para tanto.

A oposição, para produzir efeitos, deve ser séria e feita por quem tenha legitimidade, de modo que a ação eventualmente proposta deva ter sido julgada procedente para configurar oposição.

A interrupção e a oposição aptas a produzir efeitos impeditivos da usucapião devem ser feitas antes de decorrido o lapso de tempo previsto por lei para a consumação da usucapião.

A posse não deve conter vícios. Os vícios objetivos que maculam a posse são a violência (*vis*), a clandestinidade (*clam*) ou a precaridade (*precario*), e correspondem àqueles vícios descritos em alguns crimes contra o patrimônio previstos no Código Penal: roubo (violência); furto (clandestinidade) e apropriação indébita (precariedade).

A *violência* (*vis*) que marca indelevelmente a posse é aquela exercida contra o proprietário, possuidor ou preposto seu; nunca a violência exercida contra a própria coisa. A violência abrange a grave ameaça (*vis compulsiva*).

A *clandestinidade* (*clam*) é a ocupação ou a apoderação do bem às escondidas, impossibilitando, de plano, o conhecimento e a reação do esbulhado. Segundo Caio Mário da Silva Pereira, é a posse que se adquire por via de um processo de ocultamento em relação àquele contra quem é praticado o apossamento.[64] Como a posse é a exteriorização do domínio, a clandestinidade impede a ocorrência da posse, segundo a lição de Silvio Rodrigues: "ora, isso, em rigor não é posse. Sim, porque se a posse é a exteriorização do domínio, na clandestinidade não há qualquer exteriorização".[65]

A *precariedade* caracteriza-se pelo abuso de confiança. Consiste na retenção indevida do bem confiado temporariamente à sua guarda, como no caso do depósito e do comodato. Na posse precá-

---

64. *Instituições de Direito Civil*, vol. 4, p. 23.
65. *Direito Civil*, vol. 5: Direito das Coisas, p. 28.

ria, o possuidor obrigado por um título a restituir o bem possuído recusa-se injustamente a devolvê-lo. A posse passa a ser precária a partir do momento em que se revela o não cumprimento da obrigação de restituir.

b) utilização do imóvel localizado em área urbana para sua moradia ou de sua família ou utilização de imóvel, localizado em área rural, para sua moradia ou de sua família, tornando o imóvel produtivo por seu trabalho ou de sua família.

Em se tratando de área urbana, a utilização do imóvel deve ser para a moradia do prescribente ou de sua família. Entende-se que o prescribente deve, obrigatoriamente, residir na área urbana só ou acompanhado de sua família, mas o requisito da moradia é indispensável.[66]

Em se tratando de área rural, o prescribente deve morar na área e torná-la produtiva por seu trabalho ou de sua família. Ausências por breves períodos, motivadas por razões justificadas, não infirmam ou descaracterizam a *posse ad usucapionem*. Afirma José Carlos de Moraes Salles: "Cumpre-nos, apenas, esclarecer que pequenas ausências do prescribente, por motivo de viagens ocasionais ou por razões relevantes (como, por exemplo, tratamento de saúde em outra localidade) não são suficientes para descaracterizar sua posse *ad usucapionem*, desde que permaneçam no imóvel seus familiares, ali morando e trabalhando a terra. Também nos parece que, mesmo na hipótese de o usucapiente ali residir sozinho, trabalhando isoladamente a terra ou com a ajuda de empregados, a ocorrência de pequenas ausências, como as acima referidas, não acarretará a descontinuidade da posse. O que acarretaria essa descontinuidade seria a ausência prolongada, que poderia ser definida como aquela além da normal para a resolução de negócios ou outros assuntos de natureza pessoal. Ou, ainda, o afastamento prolongado da área rural usucapienda, deixando-a aos cuidados de prepostos, porque, nesse caso, descaracterizada ficaria a pessoalidade da posse, exigida pelo art. 191 da Constituição, bem como seriam desrespeitados pelo prescribente, os requisitos de *moradia* e de *trabalho pessoal* na gleba".[67]

---

66. José Carlos de Moraes Salles, *Usucapião de Bens Imóveis e Móveis*, p. 215.
67. Idem, p. 256.

c) não ser proprietário de imóvel rural ou urbano.

Este requisito mostra a preocupação em não transformar o instituto da usucapião num instrumento de acumulação de propriedades, preservando seu caráter social e distributivo, que, como visto, exige que o prescribente não ostente a qualidade de proprietário de outro imóvel rural ou urbano. De acordo com José Carlos de Moraes Salles: "o art. 183 da Carta Magna quis, evidentemente, beneficiar os que não fossem proprietários, pessoas, geralmente, de poucas posses e vítimas, como se viu anteriormente, de loteamentos clandestinos ou de negócios imobiliários mal realizados".[68]

d) Área não superior a 250 m², se urbana, ou áreas urbanas com mais de 250m², se ocupadas por população de baixa renda, onde não for possível identificar os terrenos ocupados por cada possuidor, ou ainda, se rural não superior a cinqüenta hectares.

A combinação destes critérios acima descritos aponta-nos as modalidades de prescrição aquisitiva possíveis de incidir sobre os bens públicos da espécie dominical; são elas a usucapião urbana, prevista no art. 183 da Constituição Federal, no art. 9º da Lei n. 10.257/2001 e no art. 1.240 do novo Código Civil; a usucapião rural, prevista no art. 191 da Constituição Federal e no art. 1.239 do novo Código Civil; e a usucapião coletiva, prevista no art. 10 do Estatuto da Cidade, Lei n. 10.257/2001. Estariam excluídas a usucapião ordinária e a usucapião extraordinária disciplinadas, respectivamente, nos arts. 1.238 e 1.242.[69] Embora nestas duas modalidades de usucapião

---

68. Idem, p. 230.
69. De acordo com Maria Helena Diniz, *Código Civil Anotado*, p. 797, "para que se tenha a usucapião extraordinária será preciso: a) posse pacífica, ininterrupta, exercida com *animus domini*; b) decurso do prazo de quinze anos, mas tal lapso temporal poderá reduzir-se a dez anos se o possuidor estabeleceu no imóvel sua morada habitual ou nele realizou obras ou serviços produtivos. Considera-se aqui o efetivo uso do bem de raiz possuído como moradia e fonte de produção (posse-trabalho) para fins de redução de prazo para usucapião; c) presunção *juris et de jure* de boa-fé e justo título, que não só dispensa a exibição desse documento como também proíbe que se demonstre sua inexistência. Tal usucapião, como bem acentua Sá Pereira, não tolera a prova de carência do título. O usucapiente terá apenas de provar sua posse; d) sentença judicial declaratória da aquisição do domínio por usucapião, que constituirá o título que deverá ser levado ao Registro Imobiliário, para assento"; e para que se tenha a usucapião ordinária: "a) posse mansa, pacífica e ininterrupta, exercida com intenção de dono; b) decurso do tempo de dez anos, que, excepcionalmente,

a *posse-trabalho* sirva para reduzir o prazo necessário para a aquisição da propriedade, entendemos que ela, por si, é insuficiente para afastar a imprescritibilidade dos bens públicos dominicais, havendo necessidade de o prescribente também não ser proprietário de imóvel urbano ou rural.

A usucapião urbana ou a usucapião especial urbana, prevista no art. 183 da Constituição Federal, foi repetida no art. 9º, da Lei n. 10.127/2001, e no art. 1.240, do Código Civil. Partindo da premissa, de que o solo urbano não deve ficar sem aproveitamento adequado, o legislador conferiu ao homem ou à mulher, qualquer que seja o estado civil, a possibilidade de adquirir o domínio desde que: a) o terreno esteja localizado em área urbana; b) o terreno não tenha área superior a 250 m²; c) a posse seja pessoal, dando ao imóvel o destino de servir de morada ao prescribente ou à sua família; d) a posse se estenda sem oposição e de forma ininterrupta pelo prazo de cinco anos; e) o prescribente não seja proprietário de outro imóvel urbano ou rural.

A descrição destes pressupostos demonstra a aplicação do princípio da função social da propriedade ao reconhecer a posse, aliada à falta da propriedade de bem imóvel, a posição de supremacia em relação ao direito de propriedade.

A previsão da usucapião especial urbana no texto da Constituição (art. 183) e a sua reiteração em dois diplomas normativos, isto é, Estatuto da Cidade, art. 9º, e Código Civil, art. 1.240, bem como a previsão da usucapião rural no art. 191 da Constituição Federal e reiterada no art. 1.239 do novo Código Civil, são indicativos da importância do papel do princípio da função social da propriedade.

Por derradeiro, o art. 10 do Estatuto da Cidade, ao dispor sobre modalidade de usucapião coletiva, reafirma o princípio da função social consubstanciada na utilização coletiva da propriedade, conforme lição de Silvio de Salvo Venosa que, após tratar da usucapião

reduzir-se-á a 5 anos, se o bem de raiz houver sido adquirido onerosamente e cujo registro foi cancelado, desde que o possuidor tenha nele sua morada ou nele tenha realizado investimentos de interesse social ou econômico; c) justo título, mesmo que este contenha algum vício ou irregularidade, e boa-fé. Será necessário que o usucapiente apresente título idôneo para operar a transferência da propriedade e demonstre boa-fé, que é sua convicção de que possui o imóvel legitimamente; d) sentença judicial que declare a aquisição do domínio, que deverá ser levada a assento em Registro Imobiliário".

coletiva e da possibilidade prevista no art. 1.228, § 4º, do novo Código Civil, assim se expressou: "Em ambas as situações encontramos a busca pelo sentido social da propriedade, sua utilização coletiva. Em ambas, há necessidade de posse ininterrupta por cinco anos (....).".[70]

Todas estas situações correspondem à aplicação concreta do princípio da função social da propriedade não existindo razão para excluirmos do âmbito de incidência das referidas situações os bens públicos dominicais. Tais bens, pelas próprias características que apresentam, estão predestinados ao atendimento da função social nos moldes preconizados. Assim, o entendimento de que os arts. 183, § 3º, e 191, parágrafo único, do texto da Constituição vedam a possibilidade de usucapião de bens públicos, na modalidade especial rural e urbana, atenta contra o princípio da função social da propriedade pública, razão pela qual sustentamos a possibilidade de usucapir bens públicos dominicais.

Logo, os arts. 183, § 3º, e 191, parágrafo único, da Constituição Federal, devem receber interpretação conforme a Constituição e de acordo com o princípio da função social da propriedade, o que implica a releitura dos citados dispositivos da seguinte forma: os imóveis públicos de uso comum e de uso especial não serão adquiridos por usucapião; os imóveis públicos dominicais podem ser adquiridos por usucapião urbana, rural e coletiva, previstas, respectivamente, nos arts. 183 e 191 da Constituição, arts. 9º e 10 do Estatuto da Cidade (Lei n. 10.257/2001) e arts. 1.239 e 1.240 do Código Civil.

5. Conclusões do capítulo

O fim obrigatório que informa o domínio público não acarreta sua imunização aos efeitos emanados do princípio da função social da propriedade, de modo que o princípio da função social da propriedade incide sobre o domínio público, embora haja a necessidade de harmonizar o referido princípio com outros.

O princípio da função social da propriedade incide sobre os bens de uso comum mediante paralisação da pretensão reintegratória do Poder Público, em razão de outros interesses juridicamente relevan-

---

70. *Direito Civil. Direitos Reais*, p. 205.

tes, sobretudo o princípio da dignidade da pessoa humana; incide também sobre os bens de uso comum mediante paralisação da pretensão reivindicatória do Poder Público com fundamento no art. 1.228, § 4º, do Código Civil.

O princípio da função social incide, também, sobre os bens de uso especial mediante submissão dos referidos bens aos preceitos que disciplinam a função social dos bens urbanos, especialmente ao atendimento da função social das cidades.

O princípio da função social incide, outrossim, sobre os bens dominicais conformando-os à função social das cidades e do campo e viabilizando a aquisição da propriedade dos referidos bens pela usucapião urbana, rural e coletiva.

BIBLIOGRAFIA

ALESSI, Renato. *Scritti Minori*. Milão, Giuffrè.
AMARAL, Diogo Freitas do. *A Utilização do Domínio Público pelos Particulares*. Lisboa, Coimbra Editora, 1965.
ANDRADE, Letícia Queiroz de. *Desapropriação de Bens Públicos (À Luz do Princípio Federativo)*. São Paulo, Malheiros Editores, 2005.
BANDEIRA DE MELLO, Celso Antônio. *Curso de Direito Administrativo*. 19ª ed., revista e atualizada até a Emenda Constitucional 47, de 5.7.2005, São Paulo, Malheiros Editores, 2005.
_____. "Impenhorabilidade dos bens das empresas estatais exercentes de atividades públicas", *Revista Trimestral de Direito Público* 31/21-22.
_____. "Novos aspectos da função social da propriedade no Direito Público", *Revista de Direito Público* 84.
BANDEIRA DE MELLO, Oswaldo Aranha. *Princípios Gerais de Direito Administrativo*, vol. 1. Rio de Janeiro, Forense, 1969.
BARROSO, Luís Roberto. *Interpretação e Aplicação da Constituição*. 4ª ed., São Paulo, Saraiva, 2002.
BASTOS, Celso Ribeiro e MARTINS, Ives Gandra. *Comentários à Constituição do Brasil*, vol. 7. São Paulo, Saraiva, 1990.
BEVILÁQUA, Clóvis. *Código Civil dos Estados Unidos do Brasil*. 3ª ed., Rio de Janeiro, Editora Rio.
BEZNOS, Clóvis. "Desapropriação em nome da política urbana (art. 8º)", in Adilson Abreu Dallari e Sergio Ferraz (Coords.), *Estatuto da Cidade, Comentários à Lei Federal 10.257/2001*. São Paulo, Malheiros Editores, 2003.
BORGES, Paulo Torminn. *Institutos Básicos do Direito Agrário*. 9ª ed., São Paulo, Saraiva, 1995.
BUCCI, Maria Paula Dallari. "Gestão democrática da cidade (arts. 43 a 45)", in Adilson Abreu Dallari e Sergio Ferraz (Coords.), *Estatuto da Cidade, Comentários à Lei Federal 10.257/2001*. São Paulo, Malheiros Editores, 2003.
BUENO, Vera Scarpinella. "Parcelamento, edificação ou utilização compulsórios da propriedade urbana", in Adilson Abreu Dallari e Sergio Ferraz (Coords.), *Estatuto da Cidade, Comentários à Lei Federal 10.257/2001*. São Paulo, Malheiros Editores, 2003.

BULOS, Uadi Lammêgo. *Constituição Federal Anotada.* 5ª ed., revista e atualizada até a Emenda Constitucional n. 39/2002, São Paulo, Saraiva.

CABETT JÚNIOR, Gilberto. *Direito de Superfície.* Dissertação de mestrado defendida e aprovada junto à Pontifícia Universidade Católica de São Paulo, 2004.

CAETANO, Marcelo. *Manual de Direito Administrativo,* vol. 2. 10ª ed., 6ª reimp., Coimbra, Almedina, 1999.

CÂMARA, Jacinto Arruda. "Plano diretor", in Adilson Abreu Dallari e Sergio Ferraz (Coords.), *Estatuto da Cidade, Comentários à Lei Federal 10.257/2001.* São Paulo, Malheiros Editores, 2003.

CANASI, José. *Derecho Administrativo,* vol. 1: Parte geral. Buenos Aires, Depalma, 1981.

CANOTILHO, J. J. Gomes. *Direito Constitucional.* Coimbra, Almedina.

CARDOSO, Gustavo D'Acol. *A Função Social da Propriedade Imobiliária.* Dissertação de mestrado defendida e aprovada junto à Pontifícia Universidade Católica de São Paulo, sob a orientação do Professor Silvio Luís Ferreira da Rocha, 2004.

CARDOSO, Sônia Letícia de Mello. *A Função Social da Propriedade Urbana.* Dissertação de mestrado defendida e aprovada junto à Pontifícia Universidade Católica de São Paulo, sob a orientação do Professor Adilson Abreu Dallari, 1996.

CARRAZZA, Roque Antonio. *Curso de Direito Constitucional Tributário.* 20ª ed., revista, ampliada e atualizada até a EC n. 44/2004, São Paulo, Malheiros Editores, 2004.

CARVALHO FILHO, José dos Santos. *Manual de Direito Administrativo.* Rio de Janeiro, Freitas Bastos, 1997.

CAVALCANTI, Themistocles Brandão. *Tratado de Direito Administrativo,* vol. 2. 5ª ed., Rio de Janeiro e São Paulo, Livraria Freitas Bastos, 1964.

CHALHUB, Melhim Namem. *Propriedade Imobiliária, Função Social e outros Aspectos.* Rio de Janeiro, Renovar, 2000.

COLLADO, Pedro Escribano. *La Propiedad Privada Urbana: Encuadramiento y Régimen.* Madri, Montecorvo.

COMPARATO, Fábio Konder. "Função social da propriedade dos bens de produção", *Revista de Direito Mercantil,* n. 63. São Paulo, 1986.

CORDEIRO, António Menezes. *Tratado de Direito Civil Português,* Parte geral, t. II: Coisas. Coimbra, Almedina.

COSTA, Regina Helena. "Instrumentos tributários para a política urbana", in Adilson Abreu Dallari e Sergio Ferraz (Coords.), *Estatuto da Cidade, Comentários à Lei Federal 10.257/2001.* São Paulo, Malheiros Editores, 2003.

CRETELLA JÚNIOR, José. *Curso de Direito Administrativo.* Ed. revista e atualizada. Rio de Janeiro, Forense, 2000.

_____. *Direito Administrativo Brasileiro.* Rio de Janeiro, Forense, 1999.

_____. *Dos Bens Públicos no Direito Brasileiro.* Monografia para o concurso de direito administrativo e ciência da administração da Faculdade de Direito da Universidade de São Paulo, 1969.

BIBLIOGRAFIA

_____. *Tratado do Domínio Público.* Rio de Janeiro, Forense, 1984.
DALLARI, Adilson Abreu e FERRAZ, Sérgio. *Estatuto da Cidade. Comentários à Lei Federal 10.257/2001.* São Paulo, Malheiros Editores, 2003.
DALLARI, Adilson Abreu e FIGUEIREDO, Lúcia Valle, et al. *Temas de Direito Urbanístico 2.* São Paulo, Ed. RT, 1991.
DEBBASCH, Charles, et al. *Institutions de Droit Administratif.* 3ª ed., Paris, Presses Universitaires de France, 1982.
DI PIETRO, Maria Sylvia Zanella. "A gestão jurídica do patrimônio imobiliário do Poder Público", *Cadernos Fundap*, ano 9, n. 17, São Paulo.
_____. "Concessão de uso especial para fins de moradia", in Adilson Abreu Dallari e Sergio Ferraz (Coords.), *Estatuto da Cidade, Comentários à Lei Federal 10.257/2001.* São Paulo, Malheiros Editores, 2003.
_____. *Direito Administrativo.* 17ª ed., São Paulo, Atlas, 2004.
_____. *Uso Privativo de Bem Público por Particular.* São Paulo, Ed. RT, 1983.
DINIZ, Maria Helena. *Código Civil Anotado.* 9ª ed., rev. e atual. de acordo com o novo Código Civil (Lei n. 10.406, de 10.1.2002), São Paulo, Saraiva, 2003.
_____. *Compêndio de Introdução à Ciência do Direito.* 2ª ed., São Paulo, Saraiva, 1989.
_____. *Curso de Direito Civil*, vol. 4. São Paulo, Saraiva, 1989.
DROMI, Roberto. *Derecho Administrativo.* 4ª ed., Buenos Aires, Editora Cidade Argentina, 1995.
DUGUIT, Leon. *Les Transformations Générales du Droit Privé depuis le Code Napoléon.* 19ª ed., Paris, Librairie Félix Alcan, 1920.

ESCOLA, Héctor Jorge. *Compendio de Derecho Administrativo*, vol. 2. Buenos Aires, Depalma, 1990.

FACHIN, Luiz Edson. *A Função Social da Posse e a Propriedade Contemporânea. Uma Perspectiva da Usucapião Imobiliária Rural.* Porto Alegre, Sergio Antonio Fabris Editor, 1988.
FIGUEIREDO, Lúcia Valle. *Curso de Direito Administrativo.* 7ª ed., revista, atualizada e ampliada, São Paulo, Malheiros Editores, 2004.
FRAGA, Gabino. *Derecho Administrativo.* 15ª ed., México, Porrúa.
FREITAS, Juarez. *Estudos de Direito Administrativo.* 2ª ed., revista e atualizada, São Paulo, Malheiros Editores, 1997.
FREITAS, William de Souza. *Função Social da Propriedade e Dignidade da Pessoa Humana.* Dissertação de mestrado defendida e aprovada junto à Pontifícia Universidade Católica de São Paulo, sob a orientação do Professor Adilson Abreu Dallari, 2002.

FUCCI, Paulo Eduardo. "Estatuto da Cidade e condomínio especial", *Revista de Direito Imobiliário*, n. 52.

GASPARINI, Diógenes. *O Estatuto da Cidade*. São Paulo, NDJ, 2002.

GONCALVES, Carlos Roberto. *Direito Civil Brasileiro*, vol. 1: Parte geral. São Paulo, Saraiva, 2003.

GRAMSTRUP, Erik. *Jornada de Direito Civil*. Organização Ministro Ruy Rosado de Aguiar Jr.

GUAITA, Aurelio. *Derecho Administrativo. Aguas, Montes, Minas*. Madri, Civitas, 1982.

HORBACH, Carlos Bastide, *et al. Estatuto da Cidade*. Coordenadores Odete Medauar, Fernando Dias Menezes de Almeida. São Paulo, Ed. RT, 2002.

LANDI, Guido e POTENZA, Giuseppe. *Manuale di Diritto Amministrativo*. 8ª ed., Milão, Giuffrè, 1987.

LARANJEIRA, Raymundo, *et alli. Direito Agrário Brasileiro, em homenagem à memória de Fernando Pereira Sodero*. São Paulo, LTr, 1999.

LEITE, Armando Roberto Holanda. *Usucapião Ordinária e Usucapião Especial*. São Paulo, Ed. RT, 1983.

LIMA, Ruy Cirne. *Princípios de Direito Administrativo*. 5ª ed., São Paulo, Ed. RT, 1987.

LOPES, Miguel Maria de Serpa. *Curso de Direito Civil*. Rio de Janeiro, Freitas Bastos.

LOPEZ Y LOPEZ, Angel M. *La Disciplina Constitucional de la Propiedad Privada*. Madri, Tecnos, 1988.

LOTUFO, Renan. *Código Civil Comentado*, Parte geral (arts. 1º a 232), vol. 1. São Paulo, Saraiva, 2003.

LOUREIRO, Francisco Eduardo. *A Propriedade como Relação Jurídica Complexa*. Dissertação de mestrado defendida e aprovada junto à Pontifícia Universidade Católica de São Paulo, sob a orientação do Professor Renan Lotufo.

_____. "Usucapião coletivo e habitação popular", Seminário "O Estatuto da Cidade", *Revista de Direito Imobiliário* 51/154.

MARIENHOFF, Miguel S. *Tratado de Derecho Administrativo*, t. V: "Dominio público". 2ª ed., Buenos Aires, Abeledo-Perrot.

MAZZONI, Pierandrea. *Diritto Urbanistico*. Milão, Giuffrè, 1990.

MAYER, Otto. *Derecho Administrativo Alemán*, t. III, Parte Especial: "El derecho público de las cosas". 2ª ed., Buenos Aires, Depalma, 1982.

MEDAUAR, Odete. *Direito Administrativo Moderno*. 7ª ed., São Paulo, Ed. RT, 2003.

_____. e ALMEIDA, Fernando Dias Menezes de (Coords.). *Estatuto da Cidade: Lei 10.257, de 10.07.2001*. São Paulo, Ed. RT, 2002.

MEIRELLES, Hely Lopes. *Direito Administrativo Brasileiro*. 30ª ed., atualizada por Eurico de Andrade Azevedo, Délcio Balestero Aleixo e José Emmanuel Burle Filho, São Paulo, Malheiros Editores, 2005.

MIRANDA, Jorge. *Manual de Direito Constitucional*, t. II: "Constituição e Inconstitucionalidade". 3ª ed., Coimbra, Coimbra Editora, 1991.

MONTEIRO, Washington de Barros. *Curso de Direito Civil*, vol. 1 (21ª ed.); vol. 3: "Direito das coisas", 37ª ed., rev. e atual. por Carlos Alberto Dabus Maluf, São Paulo, Saraiva, 2003.

_____. *Direito das Coisas*. São Paulo, Saraiva.

MONTEIRO, Yara Darcy Police. *A Função Social da Propriedade e os Instrumentos de Intervenção Urbanística*. Dissertação de mestrado defendida e aprovada junto à Pontifícia Universidade Católica de São Paulo, sob a orientação do Professor Adilson Abreu Dallari, 2002.

MORAES, Alexandre. *Constituição do Brasil Interpretada*. São Paulo, Atlas.

OLIVEIRA, Regis Fernandes de. *Comentários ao Estatuto da Cidade*. São Paulo, Ed. RT, 2002.

PEREIRA, Caio Mário da Silva. *Instituições de Direito Civil*, vol. 4. Rio de Janeiro, Forense.

PEREZ, Jesús Gonzáles. *Los Derechos Reales Administrativos*. 2ª ed., Madri, Civitas, 1984.

PESSOA, Robertônio Santos. *Curso de Direito Administrativo Moderno*. 2ª ed., Rio de Janeiro, Forense, 2003.

PONTES DE MIRANDA, F. C. *Tratado de Direito Privado*, Parte geral, t. II. Atual. por Vilson Rodrigues Alves, Campinas, Bookseller, 2000.

RODOTA, Stefano. *El Terrible Derecho. Estudios sobre la Propiedad Privada*. Prólogo e tradução de Luis Díez-Picazo. Madri, Civitas.

RODRIGUES, Silvio. *Direito Civil*, vol. 5: "Direito das coisas". 27ª ed., rev. e atual. de acordo com o novo Código Civil (Lei n. 10.406, de 10.1.2002). São Paulo, Saraiva, 2002.

SALLES, José Carlos de Moraes. *Usucapião de Bens Imóveis e Móveis*. 5ª ed., São Paulo, Ed. RT, 1999.

SOUZA FILHO, Juvenal Boller de. "Instrumentos jurídicos de uso e alienação de terras públicas", in Raymundo Laranjeira (Coord.), *Direito Agrário Brasileiro*. São Paulo, LTr.

STEFANINI, Luís de Lima. *A Propriedade no Direito Agrário*. São Paulo, Ed. RT, 1978.

TEIXEIRA, José Guilherme Braga. *O Direito Real de Superfície*. São Paulo, Ed. RT.

VENOSA, Sílvio de Salvo. *Direito Civil. Direitos Reais*. 3ª ed., atualizada de acordo com o novo Código Civil, São Paulo, Atlas, 2003.

VIANA, Marco Aurelio S. *Comentários ao Novo Código Civil. Dos Direitos Reais. Arts. 1.225 a 1.510*, vol. 16. Rio de Janeiro, Forense, 2003.

VIRGA, Pietro. *Diritto Amministrativo. 1. I principi*. 2ª ed., revista, Milão, Giuffrè.

GRÁFICA PAYM
Tel. (011) 4392-3344
paym@terra.com.br